青春文学精品集萃丛书

彩虹是
春雨的守望者

《语文报》编写组 选编

時代文藝出版社

图书在版编目（CIP）数据

彩虹是春雨的守望者 / 《语文报》编写组选编. --
长春：时代文艺出版社, 2022.3
（青春文学精品集萃丛书. 守望成长系列）
ISBN 978-7-5387-6994-4

Ⅰ. ①彩… Ⅱ. ①语… Ⅲ. ①作文－中小学－选集
Ⅳ. ①H194.5

中国版本图书馆CIP数据核字(2022)第032877号

彩虹是春雨的守望者
CAIHONG SHI CHUNYU DE SHOUWANG ZHE
《语文报》编写组　选编

出 品 人：陈　琛
责任编辑：孙英起
装帧设计：陈　阳
排版制作：隋淑凤

出版发行：时代文艺出版社
地　　址：长春市福祉大路5788号　龙腾国际大厦A座15层　（130118）
电　　话：0431-81629751（总编办）　0431-81629755（发行部）
官方微博：weibo.com/tlapress
开　　本：650mm × 910mm　1/16
字　　数：135千字
印　　张：11
印　　刷：永清县晔盛亚胶印有限公司
版　　次：2022年3月第1版
印　　次：2022年3月第1次印刷
定　　价：38.00元

编 委 会

Contents 目录

又见枝头吐新芽

成长的记忆

留得往事成回味

给自己一个微笑

又见枝头吐新芽

碗里的月光

张茹茹

从没注意过厨房，也从没注意过手中的碗，我每天背对着厨房迅速吃完饭，然后便进房间学习。直到那一晚……

夜很冷，月光也很冷。穿着棉衣、棉裤，戴着围巾、耳帽，我回来了。顶了一路寒风，手套里的手指也是冰冷冰冷的。一进门，便是热气腾腾的饭菜。端起饭碗，手指不觉一抽，像是受刺激了。

我放下碗，转身准备踱入厨房。奇怪，厨房里怎么没开灯？窗户怎么没关？妈妈在哪儿呢？我开始有些郁闷了，“不可能的呀，她每天都在这儿的！”

风肆意地呼啸而入，我打了一个冷颤；天上的云散了，皎洁的月光毫不吝啬地散落在厨房的每个角落。

突然间，妈妈那佝偻的背影在月光下显现，那么憔悴，那么单薄。寒风兜在您身上，划在您脸上，刺在您手上，一定很痛吧！

不开灯，不开暖气，因为节约，您借着月光洗碗？为什么还要开窗，您不冷吗？

我的心开始阵痛。我好想冲上去抱您，可是，妈妈您太憔悴了，我不敢抱您，我好怕您会倒下。于是，我轻轻地把窗儿关了，转身时，我看见了，妈妈！您的手在抖啊！为什么水里没热气？妈妈，您在用冷水洗？

我靠在那里，泪眼婆娑地望着您。

您脸上深深的皱纹像一道道割伤的痕，仿佛在开裂，在淌血，而刽子手便是我。您的头发很稀疏，还有些许白发，月光下，分外明显。如一根根给我补衣的针，系着长长的爱。而此时，这针却刺痛了我的心。

“你怎么把窗户关了？”“妈，天冷了……”我开始有些哽咽。“开着吧，碗干得快，待会儿还要煮夜宵呢。待会儿把厨房的门关一下，不然寒风吹进你屋里，再冻着你……”妈妈一边说一边放碗，步子很缓很缓。轻轻的脚步，却重重地踏在我心上。她用那双抖得不行的手开窗：“你快出去，会感冒的。”

妈妈呀！别再为我着想了，能不能想想您自己！您也会感冒，您也会冻着的啊！

我一把抓住妈妈的手，放在手心里。“妈，别洗了，您的手在抖，在抖呀……”

“没事儿，老毛病。”

妈妈依旧每天这样为我洗碗。不同的是，从那时起，我总能听见以前未曾听见的洗碗声，这是妈妈的歌吧！从那时起，我的碗里，总有月光的味道，那是妈妈的味道……

养一片绿意

任再言

每到夏天回老家时，后墙上一首碧绿的“诗”便映入我的眼帘。与去年相比，今年“谱写”得更有韵味了。

我的老家在一片小田地旁。因为长年没有翻新，房子后墙上方破了一个大洞，我和外婆怕漏雨，便拿木箱挡住它。

在一次大雨过后，我突然发现原本空空的箱子里似乎多了什么，细细观察发现，原来是一些绿色的“触手”从细缝中向屋内伸来。我叫上外婆一起把箱子移开，结果惊讶地发现洞口外几乎被绿色的枝条“封”住了，这些枝条活像一张交织有序的蜘蛛网。

“外婆，它们要霸占我们的房子，快砍掉它们吧。”

“不，就让这绿萝自然生长吧！”外婆笑着对我说。

此后，我但凡来到这里，必要凑上前去观看。透过忽疏忽密的枝叶，洞内的世界仿佛在一片诗意中，伴随着阵阵清幽，绿意流淌出无限的生机。即使有的叶子边缘呈现一丝黄色，也很快会被新绿覆盖。

秋天来了，绿萝柔韧的茎慢慢变得僵死而无力，有时只要轻轻地一碰，它们就会断落而下，即使有的带有一点绿意的小巧的叶子也缩成了一团，原本充满生机的“蜘蛛网”成了陈旧的“渔网”，最终破烂不堪。

“外婆，绿萝都死了。”

“不，它还会再活的，只要你心中的绿萝永不枯黄。”

听了外婆的话，我便努力回忆着生机勃勃的绿萝，幻想着绿萝抽出新芽的情景。

果不其然，当我在下一个夏日回来时，绿萝早已静静地“谱写”在墙上，而且它的“地盘”又扩张了，它一直攀至房顶，绿意渲染在了房上，也渲染在了我的心中。

我愿在心中养一片绿意，让绿意常留，让希望永存，把生命谱写得更加诗意盎然。

窗　外

唐嘉远

“我在二连队的时候当的是连长……抗美援越的时候……”阴雨连绵的中午，我心烦意乱地写着作业，突然平地里传来大吼，我更加烦躁了。透过书桌前的窗子，我看到在小区路对面，站着一位身材矮小却腰杆笔直的老人。

老人身穿一身陈旧的军装，头上却戴着一顶擦得锃亮的军用头盔，即使是在远处，头盔上的红五星依旧是格外醒目。老人站在路口那棵高大的水杉树下，繁茂的水杉像一把大雨伞替他遮挡了风雨。在我的记忆中，几乎每逢阴雨天，这位老人都会在晌午时分准时出现在这里，讲述他引以为豪的抗美援越的故事。

这位老人大约八十多了。听外婆说，当她20世纪90年代搬迁到这儿的时候，老人就已经在这里“说书”了。虽多次看到他在那儿，却从来没有好好听他说过书。此时的我也没心情写作业了，索性站起来，看窗外的那位老人说书。

老人的嗓门很大，几乎每一个音节都是吼出来的，而且又是阴雨天，即使仔细听，也很难分辨他说的是什么。他满面严肃地说着他的故事，摇头晃脑的，不时吼上两句：“同志们，冲啊！”他陶醉在自己的故事中，沉浸在自己的世界里。

老人站的那个路口原先是通往区政府的，随着老城区的改造，区政府搬去了新城。这条路现已落寞了，在这样的天气里，匆匆忙忙的赶路人，没有谁愿意当老人的听众。大家都说他精神失常了，都把他当精神病患者对待……望着窗外的老人，我重重地叹了口气。

“你在发什么愣啊！快做作业！”不知什么时候，外婆已站在我的身后，“不是跟你说过很多遍了吗，做作业别发呆，那老头脑子有毛病……”

我沉默了。

雨越下越大，雨打在窗台上所发出的声音逐渐盖过了老人的说话声，窗户上也蒙上了一层白雾，老人的身影渐渐地在我的视线中模糊了。

我的手抬起却又无力地垂了下来，我不敢拂去那层白雾。但我知道，在窗外的那个路口，有一个瘦小的身影在讲述着他的故事。

这一刻，我长大了

钱蝶飞

长大，也许就是一瞬间的事。

它是一种战胜，一种面对，一种对生活的迎接……

站在路边，看着来来往往的车辆，我总是不自觉地感到眩晕。是的，我从小就不敢过马路。就算一旁有大人陪着，我依旧会紧张地抓紧大人的手，手心里攥了一拳的冷汗。就算大人怎么开我的玩笑，怎么劝我，我也只是委屈地转过头，执拗地不肯自己走，简直都要哭出声来。

可是只有自己知道，我是多么瞧不起那个怯弱的自己！但是，每当我走到马路边，望向对面时，那个胆怯的我便会主宰身体，勇气便会在一刹那间被清空。

因此，只有我知道，从家到学校，短短十分钟，四个街口的距离是多么漫长，过每个街口我都被恐惧的河流淹没。

妈妈鼓励我，老师鼓励我，顺路一道走的同学也鼓励我……

多少次的纠结后，我终于鼓起所有勇气挑战了。

我向妈妈承诺，这一次我能自己走到学校。

走出家门，来到了路口，马路上的车似乎都相互紧盯着，没有间歇，汇聚成了车流。我强迫自己冷静下来，等待车流过去了再前进，焦躁、不安、激动，都夹杂在一起，我不得不深呼吸，不时左右张望。我走到路中间等待，周围一个行人都没有了，我如同停驻在马路中央的孤岛，心中所有感觉绞作一团，烦躁占着上风，肆虐侵袭。几乎没有车了！我快速地跑到对面，像是在甩脱我心中复杂的思绪。过了好一会儿呼吸才逐渐平复，但头脑依旧模糊不清，我怔怔地站在路边。

哈哈，我终于可以单独过马路了。

无论如何，我知道，那一刻，我长大了！

在反省中成长

丁　一

从任性到成熟，从无知到理智；渐渐地我发现，我已经在反省中成长。

错误有成本

习字班的老师总让我十分头痛，他明亮的眼镜片下闪烁着一双精明的眼睛，他坚定地要求我们练字时必须专心，一页纸从头写到尾不得写错一个字。严格的要求对尚且年幼的我们多少有些不近人情，常写错别字的我总是用橡皮努力地掩盖擦去，但他随手将本子在阳光下一照，我所有努力便付之东流。

常被罚写的我开始赌气，有一天他单独对我说："孩子，错误是有成本的。如果不反思，惩罚自己每一个小小的错误，那错误只会愈来愈多，愈来愈大。"

我顿觉老师的良苦用心，此后每写错一个字，都会自觉地再写几遍，并不断反省，反思写错字的原因且进行总结。不多久，我的正确率大幅提高，我在反省中成长。

花儿有重量

“咔嚓”，我一下便摘下了公园路边最美的一朵月季，我满心欢喜，年幼的妹妹却像着魔一般跑来大吼：“这花怎么能采？”我一愣，有些惊异与不满，想理论时，忽然想到自己昨天才背了“勿以恶小而为之”。

愧疚之情一下涌上心头，我发现自己在那一刻竟那般自私，手中的花愈变愈沉，我低下头反思自己的冲动。妹妹见此，对我一笑，我知道，那一刻，我在反省中成长。

苹果有温度

妈妈精心切好苹果送给已读书多时的我，我头也未抬。正巧，读到龙应台的《目送》，我抬头，这才发现苹果竟被悉心切得那般精致，而我只字未语。羞愧与反省后，我向妈妈补上了迟到的感谢，回来尝一口苹果，竟如此真切地感到了口中亲情的温度。我笑了，因为此时我在反省中成长。

渐渐地，我发现：反省不是让步，而是进取，它是我们自主选择的智慧。

童　心

尹　桃

国庆期间，老爸老妈和我一起去了瓦屋山野炊。与大自然亲密接触使我忘却了一切烦恼，同时也唤醒了我的童心。

阳光像一层薄雾笼罩了整个清晨，鸟儿在枝头上三五成群地议论我们这些不速之客。枣儿、柿子躲在树叶里羞红了脸；风儿吹过，奏起了欢迎我们的乐曲。水面平静得像一面镜子，粼粼地闪着金光。远处的山坡像小姑娘手里的绿色绸带，一片生机勃勃的景象。

到了目的地，我向不远处的农家小院走去，路上看到了一个池塘，水里的小鱼静静地瞪大眼睛窥探着我们，但只要一有声响，它们尾巴一甩，便捉迷藏似的消失得无影无踪，好半天才又小心翼翼地不知从哪里游出来。地面上，一群蚂蚁正在辛勤劳动，把一块不知是谁留下的食物，齐心协力地搬运着。几朵不知名的小野花，躲在杂草中偷偷地笑着，耳畔是树叶的歌声，几朵白云在悠闲地散步，一片世外桃源般的景象，让人久久不愿离开。

天色渐晚，太阳像一个顽皮的孩子，似乎打了个呵欠，便像坐上了回家的滑梯，“哧溜”一声就会滑下很长一段距离。此时我们也已吃完了带来的食物，收拾收拾准备回家了。

坐在车上，我仿佛听见树叶儿在身后轻轻地说着“再见”；银杏挥舞着微微发黄的小扇子，好像是在向我们告别，又好像是希望我们有空再来。

不经意间，抬头看看车窗外：枝头的花儿在微笑；电线上的小鸟们在聊天……

用童心看世界，用童心生活，世界处处鸟语花香。

风　雨

马　毓

闲暇之时，漫步在小河边，偶尔在树上发现一个茧，出于好奇，我把它带回了家。

带回家的第二天，我发现茧有些异样，似乎里面动了一下，但细看，又没发现什么。于是，我继续观察，过了一会儿，茧居然剧烈地动了起来。我欣喜若狂，因为我从来没有见过破茧的情景。

我静静地趴在窗边，盯着茧，我不禁为茧中的小生命担忧起来。就在我暗自伤神之时，我发现茧中的生命正在努力着，它不断撞击茧的外壳，可是，茧最多是微微动一下，便恢复平静。我找来了放大镜，想仔细看看究竟，但茧似乎是“铜墙铁壁”。不一会儿，里面的小生命终于咬破了茧。我看着极细的洞口，发现洞口有两根柔弱的触角缓缓向外伸出来。啊，看到蝴蝶的头了，蝴蝶极缓慢地向外挤，努力着，挣扎着，过了好几分钟，蝴蝶终于从茧中冲出来了。

啊，出来了！小蝴蝶努力保持平衡，慢慢打开了双翅，好美丽的翅膀！黄底红斑，像早春傲然的迎春花，表现出自然界生命的瑰丽和顽强。

我打开了窗户，让蝴蝶展翅飞出，只见它扇动翅膀，缓缓飞出，渐渐消失在我的视线里。

这只蝴蝶经历了非凡的磨炼过程，于是，它成功了，它也体会了世界的精彩。

我豁然明白，不经历风雨，怎能见彩虹？没有人能随便获得成功，成功的背后，一定是艰苦卓绝的历练！

一次难忘的选举

束志云

这天，班上即将举行班干部竞选活动。

我们班竞选班干部与别的班不一样。平日里老师按每个学生每天的情况进行奖励然后盖奖章，在每个月末，同学们清点自己的校本上的奖章数，奖章数越多，当选班干部的职位就越高。

竞选开始，老师问："一百个以上的有吗？""咔，咔，咔！"三声凳子响，三名同学齐刷刷地站起来——我、上任的班长和另一位同学。我们依次报出自己的奖章数目："一百一十七，一百二十，一百一十七！"班长果然不负众望，她又登上了常胜将军的宝座。剩下我们两个只能竞争星期一值日班长的职位。我们又清点了各自的优等作文数，结果居然相等，空气似乎凝结了，教室安静了，大家面面相觑……老师将我们俩安排在一边，等所有职位选完了，再决定我们谁当值日班长。

时间一分一秒地过去，手腕上手表的表针跑了一格又一格，我的屁股像抹了油似的，焦急地转个不停。眼看离下课还有十分钟了，老师终于想起了我们俩。他将我俩关进了隔壁的办公室，自己又回了教室，我耳朵紧贴在墙上，关注隔壁的动态，隐隐约约地听到学生们在投票。班上人数是双数，很有可能再出现相等的情况。我的对手脾气也倔，我们四目对视，期待下一秒老师出现。回到班上，再次为难我们，黑板上值日班长还是为空，老师让我们中午给他答复。

我心想：一半同学想让他当，何况他也没当过班长，何不让他尝试一下？而且老师平时也让我当他的小助手，两个职位一起干，也太累。我毕竟当过值日班长了，也让他试试吧！我毅然决然，拉着他去了班主任办公室。原来，老师也是这么想的，他赞赏我的做法。

生活中也应该这样，要学会争取，也要懂得谦让，这样才会得到他人的赞许。

假如时光可以倒流

陆彦红

你相信时光可以倒流吗？

假如时光可以倒流，我愿意到鲁滨逊那个时代，我想和他一起漂流到孤岛。在那里一定有许多新鲜事物。我会看见鲁滨逊用羊皮制作成雨伞，那虽然粗糙却很新颖独特。下雨了，我和鲁滨逊一起打着羊皮伞，走在前往住地的路上，边走边听着鲁滨逊讲着他航海的故事。看着鲁滨逊用木头做成一件件家具，矮矮的椅子，坐在上面，总觉得屁股痒痒的，可能是因为板凳有些粗糙。或许我们还能乘坐他制作的小船一起出海去打鱼。看着鲁滨逊抛下自己用树藤编成的渔网，听他说，只要运气好就能捞到大鱼。说不定在那儿，还能看见许多书上没有写的东西；有可能他会把轻薄而又锋利的小木片当成剃须刀；有可能他会用弯曲的树枝加上一根柳枝制成一把弓，把微粗的木棍削成尖尖的，那便是箭，说不定真能打到鸟呢……

跟着鲁滨逊漂流完，我愿意回到赫敏女子学院，去见莎拉。在那儿，我愿意帮助她。在赫敏校长不给她饭吃时，我便会从外面买一些回来给她，还有给同样挨饿的小女佣贝琪。在莎拉想念爸爸时，我会轻声细语地安慰她。如果可以，晚上在莎拉忙完一切活儿之后，我们坐在床上，我可以听她说发生的趣事，还有她在书中看到的故事。我说不定还能有幸目睹那位隔壁绅士与她见面时，发现她就是他一直在苦苦寻找的大尉女儿，看着他们喜极而泣，我也为莎拉感到高兴，心想她终于不用再受赫敏校长的欺负了。

假如时光可以倒流，我就可以亲眼看看鲁滨逊那个时代发生的一切，那该多好啊!

风景在路上

孙毅诚

出门旅游，目的就是欣赏自然风景。

我坐在汽车上，享受着凉爽的空气，看着窗外迷人的风景。这次自驾游，路途有些遥远。可我喜欢遥远，因为越是遥远，越能多欣赏沿途的风景。高速公路上，常常能看到高大的缆桥屹立着，俯视下面川流不息的如同蚂蚁一般大小的汽车。有时大桥横跨在湖泊上，桥下一片白茫茫，雾气缭绕。远远望去，天是白茫茫的，湖是白茫茫的，天湖相连，分不清哪是天，哪是湖，给人一种神秘感。雾气中不时出现几个小黑点儿，那黑点儿驶向远方，不久就消失在一片白色之中，我经常会呆呆地看着，陷入遐想：它是驶到天上了，还是驶到湖边了呢？谁也说不清。

路不断在向远方延伸。我回过神来，开始和朋友们在车上打纸牌。玩了不知多久，我感到身上暖洋洋的，连忙趴到车窗边往外瞧，呀，太阳出来了！我们已经行驶在一条乡间公路上。外面一片生机，稻谷还是青绿色的，展现着生命的活力。等到秋天，这里会一片金黄，这是大自然的金子啊！路边不知名的野花争相开放，丝毫不惧怕这夏日如火的阳光。偶尔，还能看见一两头耕牛，它们摇头晃脑，悠闲地一边吃着青草，一边享受着日光浴……

美丽的风景无处不在，需要你去用心观察，善于欣赏。旅游的路上如此，人生的路上也是如此。

温暖，我知道你一直在

李子妍

新一期的《读者》出来了，某篇文章的配图很打动我：四方框里，一棵大树用它硕大的林荫蓬罩着一株幼苗；树的旁边是一位打着伞的老奶奶将伞从头顶移出大半撑在孙女的头上遮阳。我不禁鼻子一酸，又陷入了深深的回忆。

享受温暖

“啊……”我懒洋洋地伸了一个懒腰，作业终于做完的我慵懒地往椅背上一靠。窗外的星光洋洋洒洒落在我的书桌上：“像筛子筛麦粉，星星的眼泪在洒落。在没有月亮的静夜，星星的眼泪洒在铃子身上，就像荧光粉。”我想到《读者》中的这一句。

幽昧的“暗”携着睡意给城市披上了一件星光毛毯，我又打了一个哈欠，“咕嘟”几口灌下了奶奶早已放在我手边的热牛奶，仿佛一股暖流从我的喉咙中流向了心田，我揭开盖腿的毯子，钻进了奶奶焐热的被子里。我有意把冰冷的脚丫搁在奶奶的肚子上，我热乎了，可奶奶冷了，她连骂道：“臭丫头，真该多冻冻你！”可奶奶也没有推开我冰冷的脚丫，我知道奶奶这是疼我。我像一只小猫蜷缩在奶奶怀里，搅着她的胳膊，没一会儿便暖了。这就如《读者》中的一句：“如果用冬日里的阳光来描述温暖也太随意了。心如太阳，温暖一丝一线流淌，传递着近在咫尺的温度。”

误解温暖

“都几点了，还不叫我，我要迟到了！”我急急忙忙穿好衣服，怒视了一眼奶奶，音量提高了八度。“你那么晚睡，我不是想你多睡会儿吗？”奶奶很无辜地看着我。“嘭！”我摔门而去，“唉，多穿件衣服！”我完全无视了背后那个落寞的背影。我顺着楼梯往下走，越走越冷，我冷不防打了个哆嗦。摸了一下手肘，好像衣服穿得是少了。我好像刚才言语是过分了些，奶奶也是为我好，其实晚了个几分钟和老师解释清楚也没多的大事。

解读温暖

我吹着初春的寒风像被泼了冷水。我好像真的不该一大早就乱发火，要不回去和奶奶道歉吧。后什么悔，道什么歉，都要迟到了，赶紧走吧。算了，还是先走吧。我向前迈了一步，正巧一片叶子被风一吹，飞舞在我的面前，一下子勾起了我脑海里《读者》中的那片“叶子”：“日子一页一页地被撕去，散乱地布满房间，像秋天里的落叶，从一开始便义无反顾的凋零。”日子刻在奶奶的脸上，日子让我日益长大，奶奶的生命却越走越短。

是啊，要珍惜那组成我们的日子，渺茫的我们在时间的侵蚀下会变成一粒粒沙砾。不管有没有轮回、来世，今生的记忆只有一次啊。

我猛地回头，义无反顾地向那温暖奔去。

温暖，我知道你一直在，一本《读者》，一杯牛奶，一件外套。我有的，现在起，我珍惜。

我与阅读之缘

周亦桐

阅读，令生命芬芳；阅读，使人淡定地面对生活呈献给自己的一切。我与阅读的不解之缘，还要从那时说起。

那是我至今都忘不去的一段时光。那段时间，我的成绩陷入低谷，还好我还有书，哪怕老师再多的指责，书也没有弃我而去。

成绩下降的原因已经想不起来了，但对那篇文章的名字的记忆却依旧清晰。《向上看，花瓣》，我心想，这篇文章的作者真是乐观，花瓣最终都要凋零，却还劝花瓣要向上看。文章的内容是描写棣棠花。这么冷门的花，作者还真是有心了。我笑了笑，继续往下看，却不知不觉进入了文章中所描绘的环境。周围是一片棣棠，碧绿的叶丛中，连枝干也看不见。下一刻，却发生了天翻地覆的变化。金黄的棣棠花，在阳光的照耀下，艳艳灼灼，花瓣上闪着金子般的光芒。这一树树金黄的花朵在微风中摆动，每一朵花都在枝头无声地炫耀着自己的黄金时代。正当我浮想联翩之际，周围却是时光荏苒。不知何时，繁华凋零，只留下干枯的树枝，耳边似乎还能听到落花簌簌的声音，原来已是深秋。我看着眼前落花纷飞，忍不住叹息，耳边却听见一个苍老的声音，“唉，生命的过往本应该淡淡地去享受。”我怔住了，回过神来，棣棠花已不见，那个声音却依旧清晰，看向文章，原来我不知不觉已读到最后，最后一行，赫然是那句话。

抬头看向窗外，天已经黑了，不远处华灯璀璨，我隐约听见楼下传来的声音，不知是哪家主妇在咕哝着，随即是摆放碗筷的声音，妇人用全楼都听得到的声音大声呼唤孩子，“快来吃晚饭！”孩子应了一声，不久，就响起来一家人交谈的声音，不时伴随着大笑声，笑声从窗口飘向远处。

阅读，是生命永恒的芬芳。感谢书，引领我走向更远的地方。

华老精神伴我行

徐灵玉

在金坛[①]这个鱼米之乡恐怕不是人人都精通数学，但是每个人都能将那个数学巨匠的名字脱口而出——他就是华罗庚。这个与伤寒和贫困战斗了数十年之久的老人，在20世纪的数学界如一块宝石般闪耀着奇异而动人的光彩。

清末，在金坛县城的一个小小杂货铺里悄悄多了一个身影，他不同于其他这个年龄段的孩子，仿佛糖果和玩具根本满足不了他的内心。常常思考问题过于专注的他被小伙伴戏称为“罗呆子”。这个大家眼里的“罗呆子”默默无闻地度过了小学，在他进入金坛县立初中后，遇到了他人生中至关重要的引路人——王维克老师。

拥有数学才能的他在王维克老师的精心栽培下茁壮成长起来，小小的树苗努力地吸取着阳光雨露。然而，在华罗庚初中毕业后，因家境贫困缴不出学费而遗憾地从上海中华职业学校中途退学。他的一生只有初中文凭，可他的学习却从未停止过。

① 金坛：即今江苏省常州市金坛区。公元688年为金坛县。1993年经国务院批准，撤县设市（地级）。2015年经国务院批准，撤市（县级）设区，为常州市金坛区。

此后，他帮助父亲经营小杂货店，同时每天仍不放弃钻研数学。父亲的棉花包装纸上、废纸上，都是华罗庚一行一行的演算过程。十八岁那年，他担任了金坛初中的会计兼庶务员。华罗庚一边工作，一边孜孜不倦的自学完了高中和大学低年级的课程。之后，年仅十九岁的他开始在上海《科学》杂志上发表论文。这年冬天，他却不幸染上伤寒。在新婚妻子吴筱元日夜不停地照料下，他总算从死神手里夺回了一条命。然而，命运却跟他开了一个玩笑——他落下了左腿残疾，走路要靠左腿先画一个大圆圈，右腿再迈上一小步。他曾幽默地说自己的行走是“圆与切线的运动”。面对生活的劫难，他无所畏惧；面对命运的挑战，他迎难而上。

伤寒不过是挡在百万雄师之前的最后一道门槛。在此之后，《苏家驹之代数的五次方程式解法不能成立之理由》横空出世，轰动了数学界。一个仅有初中文凭的学生竟能让清华大学教授熊庆来刮目相看！并破例让他担任了清华大学算学系的图书助理员。在清华，他用一年半的时间竟学完了数学系的全部课程！接下来的时间，他更是努力自学、探索，一步一步爬上了数学界的顶峰！

直到1985年，全世界都知道了华罗庚。然而在6月的某一天，华罗庚，这个为了真理和科学与命运斗争了一辈子的人，因心脏病发作，永远倒在了日本东京大学的三尺讲台上。

现在，华罗庚爷爷走了。可我们不愿恣意的悲痛，因为眼泪并不能浇灌成功的硕果，唯有汗水，才是化解世界难题的秘诀；我们也不愿计算华爷爷的成败，因为他的一辈子计算了太多太多，最后的硕果应该用心来记录。

想起刚进小学的时候，当看到学校那块闪闪发光的石碑上刻的“华罗庚实验学校”七个大字，年幼的我就对这位“华罗庚”有了莫名的崇敬。我，是华罗庚的接班人。在这样一位伟人无形的引导之下，我一点儿一点儿从一个小童，升到了六年级。面对即将来临的毕业考试，雪花般的卷子快要让我喘不过气来。而与此同时，我还要同时筹备一场作文竞赛。

正可谓：“鱼和熊掌，不可兼得。”因为比赛的缘故，在一个晚上，我竟被家庭作业折腾到十点多。我想放弃这场比赛，可是，正当我要向家长表态时，我一眼看见了书桌上学校胸卡上的华老。花白的头发，厚厚的眼镜，我仿佛看见了他在夜里点着小蜡烛，一遍一遍演算着方程式；仿佛看见了他在贫病交加的时候，一笔一画写着论文；仿佛看见了无数的日日夜夜，那个身体并不强壮的华罗庚，在数学世界里持着金戈，破解了一个又一个方程，化简了一个又一个代数式，书写了一篇又一篇论文，成为了无所畏惧的勇士。因为，在他的心中，永远有一盏灯塔，叫真理；永远有那么一座山峰，是数学。

华爷爷就在我们身边！他是一面旗帜、一种精神、一个同行的引路人！

让我们跟随着你，以我们的笔为剑，劈开一道又一道难题，与你同行，与卓越同行！

梧桐树下的梦呓

王雨萱

当记忆中的光芒又一次照亮了梧桐树下的梦呓，当模糊的晚霞又一次浮动于我的脑海里，当喧嚣褪去，洗尽铅华，是否有人记得这个傍晚的斑斑驳驳，记得这轮夕阳？

“夕阳西下，断肠人在天涯”勾起了游子的乡愁。对于夕阳，我总有一种心悸的感觉，它带给我的，只是一种逝者如斯的沧桑。

楼前这条梧桐小道上，堆满了飘零的叶，我置身于其间，恬静安好。玫瑰色的晚霞愈发柔和，纯洁端庄，羞涩妩媚。她给了大地这般迷离，让人间多了几分华美的色彩。

我抬起头，才猛然发现株株梧桐似被镀上了一层金色，更加朦胧，愈发梦幻。似有似无的叶片，似曲似直的枝丫，全融进了这片夕阳中。夕阳的这道悠长而有力的柔光，同样征服了路旁的石子。这些石子被赋予了感性，坚硬中竟也透出屡屡柔情，一切静谧而又温馨。谁能说这不是眼前这轮夕阳的魅力呢？原来夕阳也不是那么不近人情。

于是，我望向远方。

走在这条鹅卵石路上，我蓦然发现，血色映染了大半个天空，天空似披上了一条血色的薄纱，如一位盛装的新娘。西方血红的天空，反倒给了我一种风薰草暖的惬意。周围静悄悄的，没有人声，甚至听不到风儿拂过树叶的声音。此刻，夕阳反倒庄严起来，慈祥地看着人间，仿佛在做最后的道别。顷刻间，我感到了肃穆。夕阳，给人更多的，应该是一种希冀，时间的流逝，不必惋惜，只要心存珍惜，便已足够。

夕阳一点点褪去色泽，现出她的素颜。不再有修饰，却愈加让我痴迷。“夕阳无限好，只是近黄昏”唱出了诗人的无奈，但此刻，我从这轮夕阳的一颦一笑中，读出了她的多彩与厚重的味道。

天空中的世界

汪芷晔

我喜欢下雨天，因为这样我才能和别人看到同样的天空，没有浮岛的天空。

——梦见《仰望天空的少女眼中的世界》

我总是喜欢仰望天空，因为总是感觉天就像我内心的世界，一片安静的空地，没有歌声，也不具有令人悲伤的物质。会有太阳照耀，也会有黑暗蔓延，偶有浮云、飞鸟掠过，每个人看到的天空不都是不同的吗？就像梦中看到的天空，在现实中看不到。

平静、清醒时的我，看到的天空是平静的、沉寂的。浮云什么的，好像都在眼外，眼中只接收到那纯净亮丽又平整的蓝。

迷惘时的我，看到的是迷惘、混沌的天空，似乎还能看到尘埃落地的影子。在天空中能看到乱糟糟的意象，恰如“天光云影共徘徊”，哪怕在别人眼里，它依旧纯洁明净，但我脑海里却止不住出现那些翻腾不安的画面与瞬息万变的景象。

我心情不好时，天会下雨。有时是零星的小雨，有时是瓢泼的大雨。我意欲往上看，看到的是乌云的翻滚和没有尽头的深渊。我觉得，雨是为我而下的。

夜空，又是一个遐想的时间。仰望着天，我知道，没有人能看到我所看到的一切，我所感受到的一切。数着星星入眠，在月光中卸下沉重的包袱，变回我自己，一个不知道会怎样，说不出又总是被遗忘的自己。

我使劲地望，似乎要把天望穿了，但还是看不到梦见的浮岛，一直都没有。是啊，心的距离是遥远的，我又怎么能看到一个根本不存在的少女的心境呢？

仰望天空，原来那就是我的内心啊！我虽然不希望雨天的灰色和消沉落在心中，但又有谁能保证他的心境永远不变，一辈子不起一丝波澜？坦然接受自己的心境，这才是我目前最需要的，风雨不可避免，就去接受吧！

让我这颗优柔寡断、不安烦躁的心刚毅起来，愿看到的天空皆是一番空灵明媚的色彩！

季节交替

秦添钰

季节交替，旧的总要离去，新的总要到来；季节的交替，是每一个生命轮回的开始。

窗前的那棵树，在一次次季节交替中，在我的注视中，生长、繁荣、凋谢、等待。

“碧玉妆成一树高，万条垂上绿丝绦。”那光秃秃的树枝，不知何时已被一层淡淡的黄绿色覆盖住了。一片片新生的绿叶，在春天的期待中、在暖风的怀抱中，缓缓地探出了好奇的脑袋，一曲新生命的赞歌在此响起。总是有孩子的声音：“妈妈，你看呀，小树发芽了！”清亮的嗓音，就像这嫩叶。那抑制不住的生机，让过路的行人都忍不住驻足观望。这棵树在无数和它一样的生命中绽放光彩，虽是最普通的一个，却也是最耀眼的那个。不知为何，那星星点点的嫩绿，总能使我的心跳跃起来，似有阵阵暖风吹过。

“绿树阴浓夏日长，楼台倒影入池塘。”时光飞逝，转眼夏天到了，树木褪去了新生的绿叶，披上了一层成熟的墨色，它的生命之歌也迎来了一个高潮。它用撒下的一米绿荫，完成了自己的生命价值，那绿得发亮的颜色，向世界昭示它蓬勃的生命力。我的双眼移不开视线，恍惚间，就觉得它是一颗亘古不变的恒星，或许存在了亿万年。

“雨侵坏甃新苔绿，秋入横林树叶红。”可是时间没有永恒，秋天的脚步悄然而至。我不禁为它惋惜，生命的短暂，繁华落幕的凄凉，都在这一刻涌向它。一阵凉风吹来，一树的黄叶“哗哗”作响，像一只只折翼的黄蝴蝶，在空中翻飞着，舞动着……即使知道要离开，还是努力让生命散发出最后一点儿光芒。

“落红不是无情物，化作春泥更护花。”凝视着最后一片树叶静静地落到地上，终和泥土融为了一体。我知道，在这毫不起眼的泥土下，埋藏着这棵树的希望。是啊，冬天来了，春天还会远吗？

一棵树，就是一个人。只是，人生从头至尾，只有一次季节的交替，只有一个轮回。所以，每一个季节，都让自己发出耀眼的光吧！

落舞清风的桐叶

黄　薇

落叶如舞，乘着冰冷清澈的风，在清冽如同寒星的春日里迷醉。风过无痕，带不走那不屈的灵魂。

——题记

明明才过了立春，天气却暖和了起来，家中的君子兰也冒出了新芽。斑驳的老街上，只有我自己一人走在青石板上，偶尔踩到一片落叶，清脆的声音让我的视线落在了街旁的梧桐身上。经过一个冬天的洗礼，老树上仍残存着不少枯黄的梧桐叶，在干净温暖的风中摇摇欲坠。

我走上前去，轻触其干枯苍老的枝干，并没有觉得意外。面对这意料中的结果，我并没有说太多。风雪划过的，是梧桐不屈的灵魂。那斑斑驳驳的伤疤，是它走过无数沧桑岁月的见证。即使叶子已然萧疏，梧桐也不会惋惜，它自有它的飘逸，那是一份不需任何点缀的洒脱与不在意世俗的孤傲。

又是一片落叶华丽地飘落，被我伸手托住。闭上眼，仍能感受到叶上清晰可辨的脉络。我将它高高地举起，阳光透过它而变得通红，弥漫着温暖的味道。正如这棵梧桐带给我的感觉一般，亲切而又温暖。

倚树坐下，高高的梧桐，悄悄掩住满街寂静，为我营造一方天地。树后锈迹斑斑的老墙，爬满了旧年的爬山虎，有着看不尽的寂寥，好像自己曾生活在那里。

抬眼望去，明澈的天宇间，那一抹纯净的白云，更衬得身后这棵梧桐气宇轩昂，一尘不染。对于世间的种种毫无留恋，只与遥不可及的苍穹有约。所以它一个劲儿地向上生长，用双臂去迎接天空。呐，那片片梧桐叶不就是它的手吗？青绿的梧桐叶，是它对天空所发出的请柬。遍地的梧桐叶，则是为了向天空发出更多的邀请函。

所以说，每片叶子上，都承载着梧桐内心的期盼。我看着手中的落叶，仿佛有种心跳在手心舞蹈，在演绎着梧桐的希望。

总有一天，它将会实现自己的梦想。

会吃耳朵的月亮

吴沁怡

豆大的雨点砸在窗上，引起我阵阵烦躁。一直以来，我都讨厌雨天。我搁下笔，愣愣地盯住空旷的房间，不禁回忆起往事。

小时候，盛夏的夜晚，大人们喜欢聚在庭院中纳凉、聊天。可是，小孩儿却人影儿都找不到一个，都在床上躺着呢！要问我们为什么这么乖？大人们说了啊，小孩子不能指月亮，否则耳朵会被月亮吃掉。从此，别说是指月亮了，只要一看见月亮，我们便有一种毛骨悚然的感觉，赶紧躲到床上紧紧捂住耳朵。

“那时的我们真是傻得可爱啊，这明明是大人在骗我们早点儿睡觉嘛。”我自言自语，眉宇间已透露出隐隐的笑意。

然而，孩子们的好奇心是无穷的。在一个个躲月亮的夜晚，我的好奇心也在滋长。如果指月亮的话，耳朵真的会被吃掉吗？月亮那么高，我爬在树上也够不着，等它下来吃耳朵，我不已经逃跑了吗？当我把疑惑讲给伙伴们听后，他们纷纷赞同，并一致推选我做代表来指月亮。好不容易出出风头，可要好好表现一下呀。指就指吧！

看着小孩们用惊讶羡慕的眼光盯着我，我心中溢满了得意。

一天晚上，我和小伙伴们聚集到了一起。他们要求我指月亮，但想到万一真的被月亮吃了耳朵，那一定会被人家笑话，我心中开始打退堂鼓，可是，看着大家期待的眼神，想到自己答应的话，便心一横，用颤抖的手指向上，向上，指向了月亮……“妈呀！”我一声大叫，就没命地向家里跑去，一个趔趄，跌倒在地，双手赶紧捂住耳朵，结果发现耳朵好好的，再抬头看看月亮，月亮还在天上呢！没事！我终于放下心来，赶紧爬起来，与赶来的小伙伴们跳着，笑着，一只只小手都大胆地指向月亮……

雨依旧在下着，我却没有了丝毫烦躁。这些童年趣事共同组成了一把保护伞，纵然伞外大雨滂沱，伞内依旧阳光明媚。这些童年趣事，想想就开心，快乐也一直陪伴我到如今。

我家的喜事

吴艳艳

这株风信子，牵系着我家成员的喜怒哀乐。当它不负众望，绽放出高贵的紫色时，我们全家上下一片欢腾。

那一天，浓郁的花香伴随着我醒来，我的脑海里浮现出那令我魂牵梦绕的风信子，是它吗？它终于肯脱下朴素的头巾，露出美丽的容颜了吗？巨大的惊喜使我跳下了床，光着脚丫向阳台飞奔而去。入目即是那神秘的深紫色，在翡翠般的两片叶子的衬托下，它显得那么高贵、优雅，如一位身披紫纱的女王。

这时，我才注意到旁边不知何时到来的爸爸妈妈，他们也凝视着紫色的生命，脸上亦绽放出两朵粉红的花儿。转身，又发现奶奶也盯着风信子，她饱经风霜而变得混浊的眼睛，此刻变得明亮许多。

我带着喜悦的笑容回想着往事。风信子开花前其实非常平凡，还有些臃肿，圆滚滚的身体上布满斑点。以至于当朋友送来第一株风信子时，我嫌弃地把它丢在一边。妈妈也只是找来一个脏瓶子，倒了些水，把风信子插入瓶中。只有年幼的表弟对它产生了些好奇，但两天后，我们全家便把它丢到了角落，不管不问了。直到有一次我到朋友家玩，被那明艳、轻快的黄色风信子所震撼，才明白我们差点儿便摧毁了一个孕育着的美丽。回到家中，风信子在我家的地位瞬间由“阶下囚”升为“座上宾”，集全家人的宠爱为一身。闲暇之余，我们的嘴边总挂着它。有一天，它的几片叶子略有些发黄，急得我们全家团团转，又是向人请教，又是网络查询……直到那叶子重新变得青翠欲滴，我们提着的心才终于放下。不久前，表弟发现了隐藏在绿叶中的花苞，于是就连爸爸妈妈都有些魂不守舍，恨不得一天二十四小时关注着它。感受到我们一家人的情意，这株风信子终于绽放出了笑颜……

表弟的欢呼声自耳畔响起，惊醒了梦中人。

一时间，欢呼声此起彼伏，经久不息……

这株风信子，用它的笑颜，诠释了美丽，带给我家所有人以欢喜。

又见枝头吐新芽

黄佟佟

这是一道很难的数学题。

我安静地坐在考场内，可心如七上八下的水桶，又如热锅上的蚂蚁，又慌又乱。此次的考卷题目很难，尽管还有三十分钟的时间；尽管试卷上其他有难度的题都已被我迅速破解，可我却没有十足的把握做出这一道难题。

我脑袋里飞速地翻转着一种又一种的想法，我手中的笔比以往任何一次都要勤快，但我始终觉得我离此题的答案仍有距离，仍未摸到一丝线索。怎么办？怎么办？想到别的同学也已经做到这最后一题，与我的进度一样，我心中更是惊慌。一慌乱，我的思绪就更乱了。像是一条细如牛毛的线，但却被打满了结。我几乎没有了头绪，时间悄无声息地溜走了。我迅速地看了一眼表，哎呀！只有十几分钟了！我感到我的心脏剧烈地颤动着，紧张混着焦虑，几乎连笔也拿不稳了。我想要写数字3，却写成了7。去拿修正带时，一不小心又把它碰到了地上。当啷一声，我听到的似乎是绝望的钟声。

老师一会儿看看手表，一会儿看看墙上的钟，在教室里走动巡视着，“哒哒”的脚步声让我无法平静。我几乎要放弃了，但我突然想起了家中的一株长势不旺的植物。有一年，从二月一直到五月初，它都没有冒芽，仍是光秃秃的杆子。可出乎我意料的是，这株“必死”或是“已死”的植物，居然在夏天吐出了芬芳。只要没到最后，都还有希望，都仍要拼搏！想到这里，我还是竭尽全力冷静了下来，重新扫视了题目。猛然间，我那搜索的目光发现了什么，我惊呆了，欢喜随之而来。伴随着因惊喜而颤抖的双手，一连串歪歪扭扭的字留在了一直空白的试卷上。我思考的方向一直没错，只是我把7看成了3！在舒缓的铃声中，我长吁一口气，惬意地闭上双眼。

不要放弃，不要灰心，就会有意想不到的收获！不断坚持，不断拼搏，就能看到希望。一瞬间，我又见枝头吐新芽，看见了那一抹令人欣喜的新绿。

那一段静候的时光

谢浩天

美丽，总在厚积薄发后绽放，欣赏美丽，无须焦虑。坐在石阶上，静静等候，总会盼来那刹那的芳华。

“这真是那人间富贵花？”我难以置信。面前的两个花盆里，两株黄叶子无精打采地耷拉着脑袋，几乎奄奄一息了。就凭这半死不活的样子，也能“花开时节动京城”？妈妈笑着告诉我：“等到你亲眼看见花开，自然就相信了。”

好吧，那就等等看吧，希望它们不要辜负我的期望，毕竟它们是“国色天香”嘛。抱着这样的念头，我每天悉心照料它们。可它们就像待宠而骄的大小姐般，毫无起色，还时不时被风带走几片黄叶。我不禁有些烦躁：这玩意儿不会是冒牌的吧？我什么时候才能一睹那倾城美貌呢？想放弃，又怕再过几日就会真的开花，只好继续伺候，继续等候，只是嘴里嘀嘀咕咕，颇有怨言，心里很是不爽。

一日清晨，春风拂面，一丝丝、一缕缕的香气，悄悄潜入我的鼻孔。寻着隐隐约约的香味，我来到牡丹花前，花盆中的几朵牡丹羞涩地打着朵儿沐浴在阳光下，在或浓或淡的绿意下，初具雍容华贵的风范。

原来，在这一段时光里，等候的不仅是我，还有牡丹。牡丹的美不是天生的，它在等候中受尽煎熬，厚积薄发，方才“竟夸天下无双绝，独占人间第一香”。连高傲富贵的牡丹尚能静候自己的绽放，为何我却连静候着欣赏美丽都做不到？

接下来的日子里，我每天都安然地坐在石阶上，静静等候另一盆牡丹绽放。在学习与生活中，我也少了份浮躁，多了些沉稳。成功是要有代价的，凭着我们的朝气、活力、追求，发奋努力，而后静静等候，永不放弃，相信总有一天，会开出最美的花朵。

感谢牡丹，这一段等候花开的时光亦使我学会了静候。

眼前，花团锦簇；心中，姹紫嫣然。

重拾失去的自己

丁　峰

望着茶杯中那略微泛黄的叶上下沉浮，我凑上前去，轻轻呷上一口。雾气渐渐爬升，覆盖了我的眼镜，远处房屋的轮廓在小雨中变得缥缈而失真。

我凝视着草稿纸上父亲凌乱的笔迹，林林总总的数学符号，尖锐得刺眼。目光仿佛被吊上了重物一般，逐渐倾斜至那张试卷上不忍直视的分数，我装作不屑一顾的样子，可心中仍是陡然一惊。我试图在洁白的稿纸上漫无目的地随意涂鸦，却总会无意触到那映入眼帘的数字。我怎么了？窗外的风雨愈演愈烈，一如我此刻的心情。我第一次感到茫然若失。

人们常说，人是最不了解自己的动物。他们会在得意时高估自己，又在失意时看低自己。而我呢，太多的要求，太多的攀比，让我在雾中迷失了自我。寻找？丢失？我不知道。高估？看低？抑或是无所谓……

九十七分，好；九十六分，行；八十八分，也就这样吧。太多的句号，将喜怒哀乐深深埋葬。父母的用心良苦，老师的苦口婆心，让我怀疑“我”还是不是原来的我。

目光不经意地扫过书橱，那已布满灰尘的不倒翁笑得正欢，不带一丝温度的木制笑容看起来更像是对我的嘲讽。我恼了，摸摸心口，我的伤早已结痂，却又怎能再让你雪上加霜！我冲着这笑容给予了狠狠的一拳，却不料这玩偶颤颤巍巍地晃悠了几下，又再次立起了圆滚滚的身子。那笑容非但没有丝毫躲藏的意思，似乎变得愈发灿烂了。在雨点般的拳击下，不倒翁一次次地倒下，又一次次地站起。那接踵而至的打击，没有给他的笑容掺进一丝水分，倒像是他通向成功的垫脚石，给他的这段经历留下满地欢喜。

望着眼前的不倒翁，我仿佛醍醐灌顶。急忙拿出纸笔，描摹下这饱满的身材、笔挺的背影、灿烂的笑容，我在画像上方工工整整地题写道：不屈的斗士。

咽下口中逐渐变凉的茶，窗外已是万里晴空。阳光轻轻地越过窗棂，大缕地洒在书橱上。尘封已久的不倒翁，笑得正欢。望着这身躯，我的嘴角勾勒出一丝淡淡的弧度。

难忘的风景

吴振诚

今年暑假的时候，我去了一趟安徽。那儿山多、山密，景色十分优美。

太阳还没有从厚厚的云层中探出脸来，我们一行人的车就已经行驶在小川藏线的盘山公路上了，旁边即是悬崖峭壁，不时有碎石滚落下来。崖边的岩石奇形怪状，有的上面长满了高高的野草和矮小的苔藓等植物，在雨后的岩壁上，它们显得生机勃勃；野草的颜色在露珠下显得青翠欲滴，让人不禁想抚摸它一下，却又怕它融化了。苔藓在云层中透出来的一点点光亮下诗意生长；细小的水珠在它绿色的衬托下，发出绿宝石般莹莹的绿光。

山上长满了毛竹，一根一根密密麻麻挤在一起，放眼望去，满眼浓浓的绿意，给人一种生机勃勃、心旷神怡的感觉。竹林幽深，不时有淡淡的雾气从林间飘出，使人觉得宛如仙境一般。我们似乎一会儿飘于云雾之上，一会儿又立于云雾之间。

终于到达了盘山公路的制高点——海拔六百五十米的什么地方，我迫不及待地下了车。从这里向山下望去，风景可真美啊！蜿蜒曲折的盘山公路就呈现在眼前，层层叠叠，宛如一条黑龙盘踞在绿色的山间。一层淡淡的云纱飘过，山脚下的白墙黑瓦的村庄若隐若现。空谷中不时传来几声鸟鸣，却只闻其声，不见其身。它们好似躲在山林之间，又好似藏在云雾之中。正在遐想中，忽然传来“哗啦啦”的水声，寻声望去，原来是山间的瀑布！这水如同是这大山的血液，流淌不息；这水又如这大山的灵魂，壮丽而又有灵性。它从大山的心中流出，流向山脚，滋养整个山岭万物。

置身其中，我显得极其渺小，可眼前的这山，这景，却让我不禁心潮澎湃，难以忘怀。

夜

范一诚

天色渐晚，太阳已向地平线沉去，月亮也微微露出了脸庞。我从小伙伴家回来，拿着一个手电，照着脚下的石子路。

突然，前面地上一个蠕动着的东西吸引了我的注意。我快步走上前去，哦，是一只蚂蚱。我蹲下身子，仔细地观察。这是一只再普通不过的蚂蚱，通体翠绿。但不同的是，一根细长的草茎扎进了它的身体，从它的胸口穿了出来。我很惊讶，也很愤怒，这是谁干的？抬头看看有几个孩子向远处走去。我想把那草茎抽出来，可我一碰那草茎，蚂蚱便抽搐了一下。我立刻明白：它很疼痛，已经受了很严重的伤，可能活不了了。

我很愧疚，我无力挽救这个小生命。我只能默默地用手电照着它，陪着它，给予它最后的光明。在手电筒的光柱下，它那似乎已经僵硬的身躯动了起来，它趴在地上，一点儿一点儿向附近的草丛爬去。它每爬一点儿便要抽搐一下，可见它忍受着多大的痛苦！一点点绿色的汁液从胸口渗出，这也许是它的血液，我不禁侧目，心里一阵难受。终于，它爬到了一株矮小的草前，前腿扒住叶子，后腿往后蹬着那根草茎，似乎想极力地脱离它；每蹬一次，小小的身子便抽搐一下，草茎上星星点点的液体在手电光束的照射下显得那么的刺眼。终于，草茎从它身躯里退了出来，它也精疲力竭了。

我望着它的躯体，心中对它充满无限的敬意。眼前这只昆虫的躯体仿佛成了一个小太阳，发出明亮的光，夜的黑暗，似乎也被这坚强生命的光芒驱散开去，让我感到了无限的力量！

成长的记忆

为助人者点赞

束志中

雨淅沥沥地下着，天空阴沉沉的，好似我郁闷的心情。

我走在回家的路上，耳边的鸣笛声不绝于耳，我向路中央看去，只见一位拾荒的老太太正慢悠悠地骑着三轮车，在机动车道上行驶。突然，“砰！”地一下，老太还没有反应，已被撞上了路肩。由于惯性，车上的塑料瓶、纸箱等废品散落一地。老太太神情慌张，没有顾及是谁撞了自己，先赶忙下车处理散落一地的废品。她一只手抓两个瓶子，由于紧张，还会掉下一个。行人、汽车被堵得水泄不通，只听见旁边有人在催促：“快点儿撒！老太婆真是的，年纪这么大还捡什么垃圾啊！”我停下脚步，看见从路边一辆车上下来一位中年男子。

那位叔叔个子不高，穿一件夹克。他走到老太太身旁，帮她一起捡瓶子，他左右手各两个，腋下还夹着两个，马不停蹄地往车斗里放。路人的骂声渐渐消停下来。几位小朋友也参与其中，那位老太太脸上的眉头也渐渐松开。在那位叔叔的帮助下，道路很快清理干净，而那位老太太，也许是不善言辞，又或许是不再想听到路人们的讨论，就匆忙骑车离开了。

那位叔叔见老太太安全离去，也将车开走了，道路很快恢复畅通。那刺耳的鸣笛声，也渐渐地烟消云散了。

我继续走在回家的路上，思索着：为什么人们对有困难的老人不管不顾，不肯帮助？如果大家都怀着一颗真诚的助人之心，那这个社会不就越来越好了？赠人玫瑰，手留余香。

雨点打在地上，溅起一朵朵水花，好似我脸上洋溢出的笑容。

我为助人者点赞！

为绝壁松点赞

孙　伟

在高耸入云、烟雾缭绕的黄山之巅，生长着许多不知名的野松，它们被称为“绝壁松”。

你是一粒松子，很不幸，你没有落到充满养分、肥沃的泥土里，而是落在了一块光秃秃的岩石旁的缝隙里。面对如此险峻、贫瘠的环境，你毫不畏惧，因为你的骨子里流淌着绝壁之松的血液。

一场春雨过后，你冒出了芽，用根牢牢抓住你身下的岩石，顽强地朝太阳露出笑脸。白天，你尽情吸收阳光，进行光合作用，获取来之不易的养分；夜晚，你用坚韧不拔的毅力，抵抗不期而至的寒霜和狂风的撕扯与摧残。你的根日夜与身下的岩石搏斗，分泌酸液，腐蚀你脚下的岩石，使其化成养分，成为你成长的动能，你就这样日夜在壮大。

夏天，当其他树木被热气熏得昏昏沉沉，你却很清醒。你对头顶的烈日毫不畏惧，听着蝉悦耳的歌声，眺望远处热霾中的山野；秋天，当其他树木落叶缤纷，红黄相衬，你却一身绿装，面对寂静的山岭，看着叶黄叶落；冬天，当其他树木枝叶凋零，成为一根根无叶木，大地白雪皑皑，万物陷入沉睡，只有你，绿色依然，诠释着生命的存在，同时也在静静地等待春天的到来。很快春天来了，大地复苏，万物生长。你发现掩埋自己的雪早已化为雪水，成为你生长的养分。你面向太阳，自豪地微笑……

大自然将你磨砺得伤痕累累，你却坚毅无比。你惊奇地发现：不知什么时候，你嫩绿的枝叶，已变成坚硬、锋利的松针；你柔弱的枝干，已伸展成挺拔、强悍的躯体；脚下的岩石，已被你结实有力的根捏得四分五裂。

你冷眼看着山谷中娇柔、肥硕的伙伴，心中无一丝羡慕之情，相反，只有不屑与嘲讽。

你已经通过了大自然的考验，成了绝壁松的一员。我们要代表人类与大自然向你和与你同甘共苦的伙伴们竖起大拇指——点赞。

只要努力就有希望

吴彦宁

夜晚，左邻右舍的人们都进入了甜甜的梦乡，唯有我们家的灯还亮着。在明亮的书房里，我坐在电脑前一遍又一遍地跟着配音员朗读着，模仿着她的读音。

那天下午，英语老师在我们学生中间选拔几个人参加英语大赛，班上所有人立刻欢呼雀跃，不少人议论纷纷。我暗暗捏紧了拳头，心想这种比赛既可以锻炼口语，又可以提高心理素质，一举两得，我要报名！可是，转念又想，我的口语一般，可能一点儿胜算都没有。因为班上有不少学霸，但是，总不能还没有一试就退却吧？于是，我抱着试一试的心理报了名，心想只要尽力就行。可出乎意料的是，我被老师选中了。妈妈鼓励我："成功失败都是次要的，关键是要努力。"

就这样，我每天晚上跟着电脑读，模仿着配音员的口语，揣摩着主人公的思想。即使豆大的汗珠流下来，我也顾不得擦，生怕错过了什么。

"英语大赛现在开始……"主持人大声地说。我紧张的心慢慢平静了下来，终于在台上以流利的英语，赢得了评委的好评。

"功夫不负有心人"，经过刻苦努力，我取得了成功。这件事让我明白了，只要努力就有希望。

只要理想还在

戴宏远

我从小就有一个理想，想当一名篮球运动员。于是，我和班上几个同学一起加入了学校篮球训练队。

刚开始的训练很辛苦：往返跑、深蹲跳等，常常让我们汗流浃背，苦不堪言。你想想，在烈日之下跑来跑去是什么样的一种感觉？教练明确告诉我们，在我们没练好基础之前，谁也不可以碰球。许多人撑不过去，陆续退出了训练队。我们留下来的人，每次训练要围操场跑六圈，而且不可以停下也不可以走路，只能奔跑。那一段时间，我常常跑完后便一下子累倒在地上，爬也爬不起来。可教练不会给我们时间休息，我们必须立刻去做深蹲跳。

就这样折腾了一个星期，教练终于给了我们一人一个球。他让我们练习双手拨球、高拍球和低拍球。我们刚开始还兴高采烈，觉得终于可以碰球了，可一直进行这样的训练，我们双臂酸疼，又肿又胀。于是我也萌发了退出训练的想法：既然大部分人都走了，我为什么不可以走呢？可我又问自己："你不是想当篮球运动员吗？如果现在退出还有可能吗？"便又打消了要退出的想法，并告诉自己，以后不管遇到多大的困难都不能说退出。

又经过一段时间的艰苦训练，教练开始让我们练习定点投篮和三步上篮。这一段时间的训练舒服多了，可三步上篮总让我有失败感，常常被教练责骂。我忍住了，决不退出，加倍练习。

功夫不负有心人，我现在已经运球自如，老师也让我们自由打球了。我发现，原来的训练是打球的基础，没有那样的刻苦训练，就不可能有今天的成绩。

只要理想还在，它就会成为我们前进的动力，即使遇到困难，我们也会克服它。理想的种子总会有破土而出、走向成功的一天。

成长的记忆

邰宏玮

记忆是一本相册，记忆是一部电影，记忆是一本书……在成长的记忆中，有一件事，使我念念不忘。

几年前的七月初七七夕情人节那天，妈妈为了锻炼我的胆量，让我去街上卖花。

我手捧玫瑰花，胆怯地站在街头，环顾四周，都是一张张陌生的脸。手中的红玫瑰热烈而又奔放，可我却怯生生地站在街上不知所措。这时，迎面走来了一位叔叔和一位阿姨，应该是来买花的。我惊恐地望着他们向我一点点靠近，却下意识地跑开了，一直跑到看不见他们的地方才停下。

假如他们是认识我的，或者是同学的爸爸妈妈，那多丢人啊！即使是我不认识的人，但如果不满意我的花，多难为情啊！

站在一边暗暗观察我的妈妈，不知何时已经来到了我的眼前。她蹲下身，温柔地摸了摸我的头，轻声说："怎么啦，刚才为什么突然跑了呢？"见到妈妈，我紧张不安的心情才渐渐放松下来，不好意思地说："我不敢，我担心，妈妈，我们还是回家吧。"

妈妈摇了摇头说："不行，孩子，你要学会去面对，不能一直都像乌龟一般缩在壳里；困难是不会因为你不想去面对，就能被跳过去的。"

"可我办不到呀！"

"孩子，相信你自己，一定可以的！要不，我先给你做个示范吧。"

我点点头，牵起妈妈的手，来到了广场中央。

"首先，你要学会喊出声，像这样'卖花啦''卖花啦'，然后再……"

我用妈妈教的方法，果然引来了一对儿情侣，其中那位面目慈善、态度友好的阿姨笑着问我："小朋友，这枝花多少钱？"

我虽然有点儿紧张，但也很兴奋，看看不远处的妈妈，妈妈正在微笑地看着我。我小声地说："十元。"可能阿姨没听清，我又提高了声音："十元！"

阿姨摸了摸我的头，买走了我的第一支玫瑰花。妈妈给我竖起了大拇指。

有了第一次的成功，我的勇气一点点增加了，没过多久，我的花便卖完了。

在成长的记忆中，这样的故事很多很多，每一段记忆，都是我成长的经历。

留下感激在心中

焦天华

天气不好，雾蒙蒙的。没有风，空气凝滞至压抑，我垂头丧气地走着，心绪纷乱……

耳畔依稀回响起数学老师严厉的责问，再看看手中的试卷，鲜红的八十分是如此刺目，刺得我眼眶发酸。泪珠儿就像顽皮的小孩儿，挣扎着要跳出来。如果时光能够倒流，我一定会认真对待，而并非发呆。想到对妈妈保证的九十分，我的心便似被无形的手不断握着收紧，收紧，直至无法呼吸。

太阳忽而跳出，忽而被遮掩，正如我茫然纠结的心情。很快便到了傍晚，我仍然垂着头，在石凳上一动不动。凉意渐浓，我不由得缩了缩脖子。

“嗒”我的脖颈一阵凉意，是雨水吗？我下意识的抬头，细细地观察起来。

那是几片极大的叶子，呈爪形。每根“指头”都微微下垂，不时会有水珠顺着脉络滑到“指头”上，再滴落。这本是极其平常的事情，但我却看见一个很有趣的现象。

水珠向下滑落，到了叶尖，却停住了。我微微睁大双眼，很是惊讶，头也凑得更近了。所以我便看见了水珠上的细小的浮尘正在微微颤动着，我似乎看见了水珠的不屈与挣扎，似乎看见了它不甘被命运摆布的骄傲!

我微微侧头，憋了很久的眼泪如开闸的洪水般涌了出来。或许，它最终会掉下；或许，它会在阳光的炙烤下消逝不见……但它努力了，奋斗了，拼搏了。所以，即使无人记住它，它也不会有任何一丝遗憾。

我拭去眼角的泪，以最恭敬的姿态弯腰，鞠躬。然后，背起书包，快步向家的方向走去。

我感激这次考试，它让我认识到了自己的不足；我感激那滴水，它让我知道了生命的真谛；我也感激我的父母，他们让我领略到了这充满坎坷，同时也充满美好的生活。

缓步走进家门，灯火通明。我忍不住绽放一脸幸福感激的笑容。

难忘那一缕阳光

林一楠

清晨，阳光温柔地洒在窗前，我望着那金灿灿的阳光，内心一阵柔软，一件往事涌上心头。

那一年暑假，我在小姨开的牛肉面馆里帮忙。

一天，走进了两个人——一个盲人父亲和他的儿子。他们衣着朴素，衣服有些破旧，早已分不清颜色，想必这对父子家境贫寒，生活有些拮据。儿子走到收银台前，大声地说："请给我来两碗牛肉面。"我正要开票，他却歉疚地摆了摆手，接着又指了菜单上的葱花面，比了一个"1"的手势，我明白了他的意思：他要一碗牛肉面与一碗净面。原来，他刚刚只是喊给父亲听的，他定是为了省下一碗牛肉面钱，却又不想让父亲担心，才这么做的。

牛肉面很快端了上来，他把父亲扶到桌前坐下。然后，把那碗牛肉面摆到父亲面前，又把筷子用纸擦了一遍，轻轻放入父亲手中，温柔地说："爸，快吃吧，快尝尝牛肉面的味道。"盲人父亲握着筷子并没有急着吃，而是摸索着夹起一片牛肉，放入儿子的碗里，接着又一片一片地夹起，放入儿子的碗里。儿子什么也没说，只是默默地夹起放入父亲的碗里。父亲嘴里还念叨着：“儿啊，你快高考了，多吃点儿，有营养。”那几片薄如蝉翼的牛肉片，在父子碗中来回“游走”着，放下，夹起，放下，夹起……

过了一会儿，儿子说：“爸，你快吃吧，否则，面要凉了。”盲人父亲笑了，连声说：“好，好，你也快吃，快吃啊！”

我望着这对父子，眼眶不觉有些发热，周围也不只有牛肉面的香味，更多地充满了爱的味道。

盲人父亲与儿子之间那份爱，像一缕阳光洒在我心中，温暖着我。

走近那片小树林

周 晨

这是一片还未被电锯和挖掘机摧毁的小树林。

我走近这片树林，观察着。几株树在一片碎瓦与泥土中挺立，这是这座村庄中唯一留下的一片小树林，也许要不了多时它们也会消失。我走了进去，准备在电锯的利爪与挖掘机的巨掌摧毁它们之前再一次细细看看它们。

在我身旁的一株树，树冠并不高，但充满生机。嫩绿的叶子密密地挤在树上，争先恐后地沐浴着阳光。叶中隐约看见有一个鸟窝，里面不时传来一两声鸟鸣。树根深深地扎入瓦砾堆下的泥土中，瓦片被它握在根里，一片片碎了，丑陋地躺在这充满生机的根下。树皮不时有裂纹显现，但它始终坚固又结实。旁边的瓦堆上，长着一棵棵细弱的青草，它们的根直直地伸进瓦堆的缝隙之中，让人心中顿生钦佩之情。我默默注视着这棵普通得不能再普通的树，对它致以敬意。

我沿着瓦砾中的一条小路，往前走去，看到了一个微微隆起的土堆，看样子并不是人为堆起的。我走近它，仔细观察。从土堆的顶端，爬出一队队蚂蚁，它们排着整齐的队伍，向着山下去觅食了。原来这是一个蚁包，蚂蚁们生活忙碌但自由自在，可是，万一这片树林被毁了，它们又将到哪里安身？

这是我最后一次见到那片小树林。

再来时，正如我所料，树林早已不知去向，青草早已枯黄，鸟窝也已散落在瓦堆上，留下的只是一个又一个深坑，小蚁包已经倒塌，上面一条条车轮印清晰可见，零零散散的蚂蚁尸体散落周围。这已无生机的地方还有什么可留恋的呢？我悲愤地转回身去，准备离开。突然，前方一丝绿色划过我的眼帘，我忙揉揉眼睛，确实有。我飞快地奔了过去，在一个小水洼的边上，赫然屹立着一株小树苗。

我轻抚着小树苗嫩绿的叶子，心里一阵感慨：人类为什么总是要破坏这自然的美？看，即使你毁了它，它依旧会不屈不挠地再次展现生命的力量！

误　会

诸葛嘉樾

走在婆婆家的田野上，看着婆婆种的金黄的麦子，我不禁微笑，看这长势，今年一定会是大丰收。

带着几分干燥的风掠过我的耳畔，掠过金色的麦田；麦穗，吸收了璀璨的金色的阳光，越发夺目起来，它们不断晃动，一波波地涌着，金色主宰了这个世界。

在这麦田的边上我看见了一位老人。他身着工字背心，手持一把镰刀，弯着腰割得正起劲，大片大片的麦子已经被他割倒，成垛成垛地躺在田里。

这个人我不认识啊，他为什么在婆婆的田里割麦呢？会不会是个小偷？

这样一想，我瞬间警惕起来，两只脚也飞快地走了过去。我大喊一声：“喂！”

那老人浑身一颤，似乎被吓到了。他迅速回头瞧了我一眼，乐呵呵道：“闺女，啥事？”我原本底气十足地想兴师问罪，现在看到老人这副姿态，我又打起了退堂鼓：我还是别那么直接吧，把人家惹怒了，我肯定占不了便宜。定了定神，我堆起了笑容说道："爷爷您在这里干吗呢？"他呵呵一笑："我在割麦子呢。"你割谁家的麦子？我心中暗暗冷笑，而表面上却不动声色，从割下来的麦子中拾了一株麦子，细细端详：多好的麦子啊！色泽饱满金黄，颗粒硕大且多。我放下麦子，努力压抑着心中的不快，连招呼也没打，就匆匆走了。

我急切地走到婆婆家，急急忙忙告诉婆婆："婆婆，有人在偷麦子！"

"什么？"婆婆显然也吃了一惊，放下手中的活，随我走到田野上。

我指着那个老人，对婆婆说："婆婆！就是那个人！"接着对那个老人叫着，"不许偷我婆婆家的麦子！"

老人又一怔，抬起头，看到我时，他眼里溢满了欢喜，哈哈大笑。

婆婆也大笑了起来："贝贝，你认错田了，婆婆家的田是那一块！"

我呆住了，张张嘴，却什么也说不出来。想要解释什么，他却笑着说："你们家这孩子，真好呀，真好呀！"而后，继续挥舞镰刀割麦。

我呆呆地看着他，阳光照在他身上，耀眼至极，却刺得我莫名地想哭……

寻觅亲情岁月

彭新玥

午后的阳光里，风儿漫无边际地刮着，无根的叶片随性飘舞，渐落于地，似在演绎一支哀伤的舞曲。

还是这个小院，这株古槐；却再寻不到，觅不见，那逝去的岁月，飘散的情。

生命中最初的记忆就是在这院里。您躺卧在一把藤椅上，我躺卧在您的怀里。暮春的午后，阳光柔和且慵懒。我静静地趴在您肩头，接住纷繁开败的槐花瓣，集满一捧，就放在鼻下使劲一嗅，然后小手一扬，来个“天女散花”。您不说话，只是看着我笑，捏捏我圆圆的小脸蛋，任我在您膝上“咯咯”地闹。

院里葡萄熟了的时候，水灵灵的挂在架上，碧绿的树叶下映着斑驳的阳光，连空气都传播着紫色的清香。我拽着您的袖子摇呀摇，闹着要吃上面的葡萄。您无可奈何地笑着说：“你这小馋猫！”您细选出那串最大最甜的，洗净带着水珠盛在剔透的玻璃盘里。我坐在太阳下满足地品尝，幸福就要满溢出来。

慢慢地，我长大了，您的步伐却渐渐缓慢。那时的院里积满了白雪，厚得我都找不见自己的脚。我被您裹成了个小圆球，翻滚、嬉闹得没了样子。您忍着刺骨的寒风与风湿的疼痛，陪着我堆下童年里最后一个雪人。不知怎的，我还是向您哭闹，非要一根胡萝卜做雪人的鼻子，就像您讲的童话里的雪人一样。我的哭闹换来您的心软，“真是调皮的小捣蛋！”您叹着气，专程去了市场。

我永远不会忘记那天您乘着风雪回家，拿出我想要的雪人鼻子的时刻。我一跃而上，紧紧搂住您的脖颈：“外婆，我爱您！等我长大了，我要养您一辈子！”您疲惫的脸上浮出满满的满足，却隐约现着些许忧伤：“等你长大，就疏远了外婆喽。哪还记得外婆对你的好呢？”您像是自语，又像问我，我朦胧觉出隐隐的深意，安静了下来。

转眼，又过了几个夏天。与其说是回忆，不如说是对外婆预言的验证。繁忙的学业已占据了我所有的悠闲。偷闲时回去，我着一袭长裙，长发披肩。捧一本书就坐在古槐下的绿荫里看一下午。不知何时我学会了矜持，学会了羞涩，学会了温婉恬静、乖巧可人。可我终究还是个孩子，我不知道我的故作成熟带来了与您的疏远，我不知道您有多少次流着泪叹息：“沁儿大了，不需要我了。”

我竟真的与您疏远了。

有一天在梦中，童年零碎的记忆断续接连，我在梦中哭喊：“外婆，沁儿需要您！”那一刻我才幡然醒悟。第二天我便买了车票，赶回了小院。可一切，已晚。

还是这个小院，这株古槐，不同的是每片叶子都板着枯黄憔悴的脸，向我宣告冰冷残酷的事实。我疯狂地跑过每条小巷，钻进每个房间，扑倒在每张床上，却再也寻不到，觅不见您的气息。

曾经已是曾经，过去早已过去，我深知，我再寻不回您，再寻不回，我与您的那段亲情岁月。

我读懂了湖

张颖影

今年暑假，我再次来到了安徽。这儿的山很美，我很喜欢，但我更喜欢的是这儿的湖。

我坐在岸边，不远处是正在商谈坐快艇价钱的朋友们。天空有些许云彩，太阳时而藏在它们身后，时而又露出笑脸来；湖面也被太阳照得波光粼粼。湖水很清澈，倒映出层层叠叠的绿色，给人一种生机盎然的感觉。岸边柳树、樟树的影子映在水中，模模糊糊的。一片片树叶飘下，落在了平静如镜面的水面上，荡起一圈圈涟漪；有时又有一小串气泡浮上，想来便是鱼儿，又或许是水草。

这水可真干净呵！湖里的水草如轻柔的绿纱，仿佛是浮在空中一般。

他们终于谈好了价钱。我穿上橙黄色的救生衣，坐上白色的快艇，向湖的远处飞驰而去。在这绿色之中，鲜明的橙与白显得有些格格不入。我坐在快艇的右边，每当快艇右转的时候，我都会迫不及待地将手伸入船旁飞溅的水花中。水一下一下击打着手掌，仿佛大自然在给我做免费的按摩一般，让人感到十分舒适。

我偶尔把手往下探一些，下面的浪花小了，但水流却猛烈。

到了一座岛边，我们的快艇慢慢减速了。这时，浪花已不再猛烈，水像轻纱一般，从指缝间滑过，将我的手指包裹其中；太阳的温暖把我整个人包围起来，让我的心情特别舒畅。我从湖水中抽出手来，太阳为我手上的水珠渡了一层金，像碎金一般镶在我的手上。这些碎金一般的水滴无声地坠落到湖里，湖面便微微荡漾一圈又一圈涟漪。

等到我们从岛上回来的时候，太阳已被云层掩盖。水面的金子没有了，但水依然平静地面对这一切。水拥有了一切美好，但它不怕失去美好，这不是一种很高尚的品格吗?

它不在乎树叶落在它身上；它不在乎游艇在它身上飞驰；它不在乎指尖在它身上划过……这一切都会过去，都会消失。

太阳从云层里探出头来，湖面上又被撒上了一片碎金。我仿佛看到湖在笑，像一个大男孩儿一样。

第一次，我读懂了湖的大度与包容。这不仅是一种品质，更是一份宝贵的人生财富。

家——爱的港湾

徐世龙

夜深了，那漆黑的绒布上仅有几颗星星在闪耀着清冷的辉芒。路灯早已亮起，暖暖的柔光绵延了一路，道路上偶尔有车辆驶过，可没有一辆是属于父母的。我移开视线，将桌上的复习资料塞进书包，匆匆洗漱完便钻进了被窝。

真安静啊，安静得能听到自己的心跳声，我抱着小熊，寂寞之感却爬遍全身：父母在考试前两个星期跑到上海，就留我一个人在家。说好考试前一天便能赶回来，结果我等他们等到困意浓浓他们还迟迟未归。再想想我，早上没有香气扑鼻的白粥，拿片冷硬的面包塞在嘴里便赶去学校；晚上拖着疲惫的身躯回到家中，迎接我的不是柔和的灯光以及满桌的饭菜，而是冰冷的房间和一桶让人几欲作呕的方便面。而明天却期末考试了……

大门“吱呀”一声被打开，我急忙合上眼睛装作熟睡。果不其然，父母回来了。我的房间门被打开，母亲和父亲蹑着猫一般的脚步悄然走进来。母亲来到床边，将我的手放进被子里，又轻轻掖了掖被角。我闭着眼，却有一缕缕暖流渗入，将我包裹起来。

母亲压低了声音：“你先出去吧，跌打药在抽屉里，自己抹一下。”

父亲的声音干涩嘶哑：“没事，不就被车撞了一下吗？又没断，没事的……”

父亲一连说了两个“没事”，可我心中却掀起了惊涛骇浪：被车子撞了还没事？父母一定是为了早点儿赶回来才会被车子撞了的。

谁说父母不爱我？那病中的母亲殷切的守候；那跌倒时父母着急的眼神；这轻轻掖被角的柔情；这干涩嘶哑的焦急……

又是新的一天，我背起书包，走向学校，我相信无论怎样，都会有一处地方等着我，那便是——爱的港湾。

那一刻，我含泪微笑

彭伟康

从记事起，我便不喜欢公公。

松松垮垮如老榆树皮般的脸，因烟抽得过多而发黄发黑的牙，他明明是一个五大三粗的汉子，却每每见面时都一屁股坐我旁边，唠唠叨叨地问着我的学习情况、作业情况，简直比《大话西游》里的唐僧还唠叨。

转眼便已是大年初一，按照家乡的规定，这一天我们必须要到公公婆婆家过年，我自然不想去，但是胜不过父母反复的劝说，于是我很不情愿地踏上了去老家的路。

一下车，公公便迎了上来，我不情不愿地叫了声“公公”便径直走向大门。不料公公在我的后面深一脚浅一脚地追了上来，“闺女，期末考试考了多少分啊？寒假作业做完了吗？在家里听妈妈的话了没？你又大了一岁啦，在家里要多做家务啊……”我听得立马头皮发麻，脚步不停，头也不回地随口答应：“知道了，知道了，我都知道了，我会这样子做的！”便急急忙忙地进了屋，留下公公有些尴尬地站在门外，良久才回过神来。

磕完头，便放起鞭炮，公公对我笑笑说：“你看不看烟花啊？”

“看！我最喜欢看烟花啊！”我兴奋起来。

公公像变戏法一样从袋里掏出几只烟花棒，点燃了递给我。

那烟花开始燃放，从中迸出细细碎碎的星子。我着迷的伸手触碰，不热，不冷，是温的。我不由得笑出声来，挥动着烟花棒，构成一条条明快的流线。

公公将剩余的都给了我，自己默默离去了。

放完了烟花棒，我便回身进屋找吃的，路过一个房间，里面有声音传出来：“你说说你，该让我怎么说你才好。”发生什么了？我贴着门继续听下去。“我去城里又不只买烟花，我不也买了年糕和团子吗？”公公的声音似乎有些窘迫。

“年糕，团子？”婆婆似乎无奈地笑了笑，“买年糕和团子还要进城里买吗？进城也就罢了，还跌了一跤！你看看你的腿，都青了。”

“孙女不是喜欢吗？她每次回家不都是缠着要放烟花吗。”

我半晌都说不出话来，一滴泪水顺着脸庞滑下，嘴角却扬起一抹柔和的弧度。抬头望向如天鹅绒一般的天空，那弯弯一轮新月，像极了我上扬的嘴角！

高　手

黄　睿

小时候，我特别喜欢看电影。每次看到那些威风凛凛的大侠时，我都崇拜不已。

大概是小学三年级时，我疯了似的迷上影视作品中的武林高手，无比羡慕他们异乎常人的功夫，或是飞檐走壁，或是力大无穷，都令我心驰神往。大抵是因为这些“武林绝技”学不来的缘故，我便退而求其次：劈砖。刚开始时初生牛犊不怕虎，我随手抄起两块红砖往下劈，往往是砖不断而劈得手通红发紫，不得不彻夜忍着手痛。后来我学乖了点儿，找来两片没用的薄木板，屏住呼吸，学作“武林大侠”的发力状，眼睛瞪得有如铜铃一般，大喊一声“喝！”把手用力劈下去，木板随即断裂。我当时高兴得手舞足蹈，自认为已经练成了什么绝世武功似的。走到班里也故作高傲，对什么都不屑一顾。逢人便向他炫耀自己“劈砖”的绝技。而当别人拿来一些东西让我劈时，我却也只能硬着头皮上，往往在忍受着反弹回来的力造成的疼痛时，还要装作一副谈笑风生的样子搪塞过去。因此反倒成了他人的笑柄。

劈砖自然只是我一时兴起的盲目跟风，不久便悄悄放弃了。

但因为这劈砖使我落下不少麻烦。近几年搬重物时，左手不时会抖，估计是留下的后遗症。放弃劈砖后，我自然也放弃了成为高手的幻想。当年的热情似乎成了一场梦，而我又变回了原来的平庸的我。

然而有一次，我的阿姨在向我妈要一位朋友的电话号码时，妈妈还在用手机翻电话簿找，我却已经报出了号码。一旁的阿姨惊讶得张大了嘴巴。她找来一篇短文让我来背诵，我认真读了两遍便比较熟练地背了出来。当时我也对这种“特异功能”大为吃惊。后来，经过一两个月的有意训练，在我们班上，同学和老师都说如今的我是个快速记忆的高手。

台湾作家林清玄曾写过一篇文章，他对包小馄饨的师傅、拉面的师傅抱着无比尊敬的心态，视他们为高手。这不由得让我意识到，原来，真正的高手就是要发挥自己的长处。

其实，我们没必要仰慕那些虚幻的高手，更没有必要去盲目地模仿他们。每个人都有不同的潜质，我们要做的是发现自己的潜能，并尽可能发挥它的作用。

我们每个人都能成为高手。

记住这一天

丁锦晖

星际日志里断断续续地传来一句："记住这一天，人类已全面撤离地球。"

他狠狠地将那装着日志的金属小珠甩在墙上，"该死！"他吼了一声，因为没赶上撤离飞船，他已成为地球上最后一个人。

他坐电梯从地下九十八层来到地面。电梯打开时，他吃了一惊，但又习以为常。街道上一片荒芜，空无一人，只有大件的金属件堆放在墙角。没有绿树成荫，全是人造电子绿幕墙；虽然高楼大厦鳞次栉比，但都是一片死气沉沉，那些大楼的墙上已积了厚厚的灰尘，风从洞开的窗里肆意穿梭。

这事要从2050年说起，地球的科技已到无与伦比的水平，但是仍要消耗大量的资源，木头被用做实验，水被排出的废液污染成了"沼泽"，蓝天白云已被自动化的天幕挡住，人造太阳在天上高高挂着。地球千疮百孔，人类已经无法生存。最终，人类撤离了这个蔚蓝的星球，就像孩子抛弃抚养自己多年的母亲那样！

此时，猛兽们从铁笼里逃了出来，都到了街道上，它们发现了他，都面露凶光地靠近他。这些被植入了智能芯片的动物吼到：“你们破坏地球，却又不负责任，逃之夭夭，现在就由你来替他们赎罪吧！”

他很痛心，却又无奈：“这是我也不希望看到的，既然他们都走了，就由我们重新改造地球吧！”

好在他精通各类科技，动物们也有极高的智商，于是，他带领动物们撒下种子，通过快速成长肥，让树瞬间高大起来；他又在水中投入了净化剂，水渐渐清了；就这样一棵树一棵树，一片水一片水，地球渐渐恢复了往日的生机。

四十年后，地球已焕然一新。他坐着时空转换机来到了地核，那里有个按钮，上面写着：“如果有一天人类想重回自然，请按下这个键。”

究竟是继续活在吃穿不愁的科技世界中，还是重新拥有地球，但又要辛苦万分，这是个难题。

他经过了这么多年的思考，按下了这个键。

高楼大厦瞬间化为分子，变成了高山；金属地板下沉，露出了沃土；天幕打开，真正的阳光射了下来。

他打开了星际日志，用苍老的声音说：“公元2018年6月22日，地球重新‘复活’，记住这一天！”

记住这一天吧，为人类、为生灵、为这可爱的地球！

走出来，就好

徐启航

“哐——”弟弟一回来就把自己关进了房间，妈妈从沙发上站起来，有些不知所措，我轻声说：“让他自己待会儿吧。”

吃晚饭的时候，弟弟一声不吭，也比平时吃得少了许多。没有了平时的淘气，也没有了平时的快乐，他刚吃完就进了房间，我也跟了进去。经过一番询问得知，原来，今天班级进行了单元测试，本来他最擅长的数学，这次考了全班倒数，老师在课堂上严厉地批评了他。

我摸着他的头：“哦，原来是这种事啊，我也经历过，不过想通了，走出来就好了。”

这一动作突然让我想起了相同的情景。多年前，也曾有一只满是老茧的手摸着我的头，这种感觉太熟悉了，是爷爷。

那是个夏天，我们进行班级篮球赛。依旧记得那最后五秒钟，我们班与对手差了两分，在最后三秒钟的时候球传到了我的手上。那一刻，全场都寂静了，所有的人都盯着我，我听到了我的心跳，当然也看到了已经站起身的爷爷。球，出手了，球碰到篮板，弹到了篮筐上，转着圈，最后，掉了下去。不是从篮筐，而是从篮筐外落下了，场上一片喊声。一阵无力感，我倒了下去。

比赛结束后，我和爷爷坐在看台上，整个篮球场上没有其他人，最后一刻的情景一遍又一遍在我心中放映，我已无任何情绪，只有麻木；爷爷没有说话，静静地陪着我，我渐渐从那情景中脱离出来，拉着爷爷回家了。外面下着雨，爷爷在一旁鼓励着我，一直到家。我没有听清他说什么，到了家他把手放在了我的头上，轻轻抚摸着我，我顿时感到了一股温暖，也听到了那最后一句："走出来，就好了。"

再看着眼前的弟弟，我说道："困难就像乌云，等到乌云消散，你就会看到太阳。"

人生的路漫长，总是有阻碍，可是，只要走出来，一切都会好的。

好 朋 友

邱子夏

一天，体育课上，老师要我们做后滚翻练习，我怎么也做不好。看着我笨拙的动作，有的同学笑出了声。“邱子夏，我发现你太笨了。”好朋友李函汝突然冒出了这么一句话，简直是雪上加霜。本来已经很难过的我，眼泪不争气地落了下来。

别人可以笑我，你，李函汝，作为我最好的朋友，竟然和他们一样!

“好吧，我们不再是好朋友了。”我流着眼泪，在心里默默地说。整个下午，我没有和李函汝说一句话。

放学后，李函汝走过来说：“我们一起回家吧。”她就是这样的人——说了就忘。可是，很抱歉，伤痕已经在我心里了，我可忘不了她那句刺耳的话。我瞪了她一眼，提着书包快步走开了。

回到家后，妈妈见我脸色不好，关切地问我怎么了。

“没什么，我跟李函汝绝交了。”“绝交？你们不是最好的朋友吗？”妈妈吃惊地问。“以后，我不需要这样的朋友了。朋友应该互相帮助，她只会往我的伤口上撒盐。”

妈妈见我这么坚决，也没再多问了，说：“晚上，妈妈要和一个三十年没见面的朋友吃饭，你也一起去吧。”“三十年没见面，你还记得那个朋友？”我问。“当然啦。小乐阿姨和妈妈小时候好得像亲姐妹，我们的生日只差一天呢。说起来也好笑，十岁时的寒假，有一次，我们一起看电视，她要看连续剧，我想看戏曲。我们为这事吵了一架，整整一个月都不说话，谁也不肯退让，结果正月开学的时候，小乐阿姨跟父母去了北方，我们就再也没见过面了。”妈妈笑着说。

晚上，我和妈妈到了茶座后，小乐阿姨已经等在那里了。妈妈赶紧走过去，两个人手拉着手，又是大笑，又是不停地打量对方，好像在确认有没有认错人，然后又是一阵笑。想不到，妈妈这个年纪的人竟然也这么孩子气。

“你怎么一点儿没变啊？”“啊呀，我激动得很啊，想到要见到你。”“你手上烤红薯被火烫的伤疤还在吗？”“你一定要到我们那里好好玩几天，一家人都去。”两个人你一言我一语地说个不停，还玩起了自拍。“你看，我小时候多倔啊，为那么一点儿小事就不跟你道歉。”妈妈大笑着说。“唉，我也是，小时候一点儿小事看得比天还大。你去了北方之后，我经常想起你。”

看来，妈妈和小乐阿姨一时半会儿是聊不完了。吃饱之后，我觉得无聊，就从包里拿出了随身携带的笔记本，开始继续写我的校园小说。那是一本漂亮的笔记本，也是李函汝送给我的生日礼物。我记得，李函汝说过，我写好的小说，她必须当第一个读者，她还说，希望我长大后能成为有名的作家，那样的话，她就可以骄傲地宣布大作家邱子夏就是我的好朋友。

想到这里，我突然觉得，我和李函汝之间的关系不就像妈妈和小乐阿姨小时候一样吗？其实，作为朋友，我了解李函汝的性格，她是个有话直说、过后就忘的人。而朋友，不正是要相互理解吗？

我决定，明天主动找李函汝说话。

留得往事成回味

逆　风

王　哲

曾见悬崖上的树，无一不因风吹雨打而千疮百孔，伤痕累累。然而枝条却逆着风艰难地向上，凌驾于空谷，俯瞰万物，完全是一代大将的风范。久居平原的人，见之无不为此啧啧称奇。

我曾疑心为何它身处如此绝境，仍要如此高傲，宁可迎风直上，忍受风吹雨打，而不顺着风生长，寻一处安逸？这一困惑，直到几年前，才得以解开。

大概是五年前的夏天，我省接连遭到台风的袭击。狂风暴雨一直没有停歇，在乡下守着鱼塘的爷爷一直巴望着天赶快放晴，却始终未能如愿。空气湿得有如浸在水里一般，乡下的土墙渐渐爬上了霉，黑得有些骇人。一连一个多星期，雨下得池塘里的水几乎要溢出来了。乡间排水的声音从四面八方响起，却始终被源源不断的电闪雷鸣压得喘不过气。爷爷站在平房的门口，一边看一边叹着：“要发大洪水了。”

工人们运来一车一车筑埂的泥土，然后把泥土装进蛇皮袋里，一袋接一袋地垒在塘埂上。爷爷站在水中，指挥工人加高塘埂，一站便是一整天。水还是一直往上涨，几天下来，水几近要没到他腰间。爸爸接到消息也连忙从城里赶回去，从外地借来了水泵，长长的排水管一直拖到了几十米外。有时天空稍稍由雨转阴，大家都喜出望外，我从屋里跑出来四处乱叫："放晴啦！快放晴啦！"却被爷爷一把拉住："别把雨给喊来啦！"果不其然，不久滚滚乌云就又从天边涌来，雨又下了起来。

依稀记得最后一刻，不少上游的水库向下游泄洪，水无处可排，爷爷的鱼塘已岌岌可危，但工人们仍在爷爷的指挥下筑着埂。他们或是忙着搬运；或是焦急地在水下扶着埂，忙得不可开交，尽管在天灾面前这些努力无济于事。

爷爷的鱼塘最终还是没有守住。我问爷爷，鱼塘反正也没守住，干吗还要白费那么多工夫？爷爷朝我一瞪眼睛，说："连这么点儿风雨都不去搏一把，还养个什么鱼？"

对，正如同树木逆着风成长一般，如果贪图安逸，是长不成大树的！哪怕再大的逆风，也要去搏一把，就算失败，也不会败在开头！

我是这样长大的

王逸轩

不知不觉间我就这样长大了。就是在这么十几年的时间里，就是在这悄无声息的步伐中，我渐渐褪去了稚嫩的外表。

多年前的一个深夜里，灯光划破了夜的黑，我处在半梦半醒之间，就这样被父亲抱在怀里。医院浓重的药味在鼻间萦绕，我的意识陷入了泥沼。半梦半醒间，我的眼光看向了父亲——他的眼里透着疲惫与担心。他打开水杯对我说："喝一口水睡吧。"微热的水滋润着肺腑，暖意使睡意又加了几分。父亲慈祥的脸庞伴我入睡。

小时候，父爱带着我向前。父爱就像那杯水的温度，使我可安然入眠。

记得有一次，恣意地骑车带给我铭记一生的痛苦回忆。我的右手骨折住院。那个时候，世界在我眼里仿佛被贴上了夜色的薄膜，面临留级的苦恼也在干扰着我。一天上午，我无力地躺在床上看着电视，外面的嘈杂似乎都停止了，所有的护士都向一个方向看去，"嘎吱、嘎吱……"金属与地面的摩擦在我耳畔回响。我走下床，望向门外，一个和我一般大的男孩儿，他的一条裤管空空荡荡。而他，撑着助行器一步一步走着，脸上却挂着春天般的笑容。我震惊了，心中的阴霾硬是被这笑容撕开了一条缝。是啊！我没有被截肢，也没有被明确告知留级，又有什么理由不振作起来？相比这个男孩儿，上天给了我多大的恩惠啊。想到这里，我走向窗边，阳光照在我身上——啊！初春的空气是多么新鲜！

从那之后，对生命的执着以及对明天的不弃成了我的动力。

一次体育课，我们和邻班打篮球，对方的压制和犯规使我们十分压抑。一次暂停，“大家加油，让他们看看团结的力量！”队长说道。“我班必胜！”大家喊道。接着，一次次配合在比赛中展现，比分在渐渐拉回。最终，我们赢了！

那个时候，太阳是那么耀眼，天空是那么蓝，我们笑得那么灿烂。

长大的过程伴随着种种经历：父爱、对生命的热爱和不弃以及友谊、团结……

留得往事成回味

杨嘉驰

秋，微冷。

岳阳的大街上，一抹斜阳懒懒地照在城墙上。一个人向茶楼走去。熙熙攘攘的路上，行人们的脸上都挂着淡淡的微笑，幸福充满城的上空。

“客官，喝什么？”店小二恭敬地向他询问。

“龙井一壶。”他平静地说，正如他在那个遥远地方的茶楼时一样。

“好嘞！您里面请。”

走进茶楼，登上二楼，他向窗外看去，思绪随着斜阳被带到了远方。

他已记不清上书多少次要求改革了，可是就他一人又有多大的能耐呢？满朝文武都是些溜须拍马的人，一个个像木偶，对陛下的一切都奉上溢美之词。而自己主张的民主新政体，就被淹没在这滚滚浪潮之中，他被大家边缘化，他被皇上贬到了此处，哪里还能施展自己的政治抱负？

“客官，茶来了！”

小二的声音将他从愁思中拉了回来。他提起茶壶，向杯中倒满了水，浅绿色的茶水在微微荡漾着，几片随水而动的茶叶慢慢沉到了杯底。他轻轻啜了一口，清香随着血液流经全身，抚慰他受伤的心，也将他的忧愁一同化解。

他再向窗外看去：齐整的房屋连接天际，缕缕炊烟袅袅升起；路上行人悠闲，街上熙熙攘攘，一派祥和之气。滕子京将这里管理得井井有条，春天时，又将岳阳楼重新修建一新。

居庙堂之高则忧其民；处江湖之远则忧其君。我的政治抱负又何必非在京城实现？

他又喝了一口，暖流流经全身，他微闭上眼，任香醇的茶唤醒他生命的春意。

过去的一切，成功或失败，随它去吧。只让往事，成为我生命的回味。

“客官，您慢走！”

他站起，一身清爽。

向目的地出发

方婷婷

春末夏初，正是出游的好时节。爸爸妈妈准备带我同几个朋友一起去茅山野炊。

终于到了原定的野炊日子。几辆轿车穿梭在无边的绿海中；山是绿的，水是绿的，眺望、俯视、环顾，都是生机勃发的自由奔放的绿！绿是自然之色，它不像灰色，灰色是水泥混凝土之色，沉闷而毫无生气；它不像粉色，粉色是胭脂装饰之色，并非真正的美丽；它不像白色，白色虽有纯洁质朴之美，却似乎过于冷淡而缺乏热情。唯有绿色，这漫山遍野的绿，给人以勃发、向上、欢心的情感，带给我们最原始纯真的兴奋。

远处，隐隐听到潺潺的水流声。

然而，当我们驾驶到水库边时，小小的水库边已是挤了好几辆车，喧嚣的交谈声击碎了自然的宁静，四处丢弃的垃圾撕裂了山水画卷。

我们驱车失望地离开。

我心中像是突然被人猝不及防地掏去了什么，只剩下深深的让人发狂的失望与无聊。茂密的树木挡住了我的视线，我连远眺风景也做不到了。一切都很压抑，很幽深，让人烦躁。最后，连潺潺的流水声也消失了，只剩下让人讨厌的寂静。

我为什么不留在家里呢？

车，漫无目的地开着，我百无聊赖地倚在车窗边以消磨时间。忽然，一只大鸟从树林里飞出，长鸣一声，直飞青天。我着实吃了一惊，它白色的羽毛犹如一朵云，就这样悠悠地飘了上去。在城市里哪能见到这样的风光呢？唯有在山林涧溪之间，才能与自然亲密接触。

这本身就是莫大的乐趣。

重新审视周围的风景，我幡然醒悟，原来山林之间竟隐藏了这样多有趣的秘密，只待有心人来发现。我看见几株从未见过的野花，在一条小溪边悠闲的开放，像个隐士；我看见几块山石，嶙峋古怪，远看犹如几个老人守护着这片土地这个山头；我看见几只松鼠，在林间跳跃，那遗世独立、怡然自乐的情态使人羡慕……

车，停了。但不停也无所谓。人们总是向目的地进发着，却错过了路上的风景。

人生又何尝不是如此呢？

守　望

曹泽之

每次从小区的公园走过，总能见到几个人坐在椅子上晒着太阳。这些人多半是老人，小孩们是不愿意的。这些晒太阳的人总是安闲的，从他们身边走过时，往往能听到几声“你好”，你也不必作答，笑着点一下头便足矣。

搬一把椅子，坐在太阳底下假寐片刻，这是何等简单的事！而往往却有人做不到。生活的匆忙把仅有的一点儿闲情都冲走了，只留下庸庸碌碌，这自然是可惜的。生活缺少了放松的滋润，便会像未发酵的面包，干瘪而乏味。

我觉得那些晒太阳的人所具有的不仅是安闲的心境，更多的是一种对生活的守望。守望，很多人把它理解成了一种一求再求却求之不得的苦痛，这未免有些消极意味。我更倾向于把它理解成一种对生活美好的愿景，一种执着而长远的追求，一种洒脱。

历史上有许多的名人，大抵都怀着一种守望的心情。姜子牙垂钓几十年，如果没有一种守望，仅凭一份闲情，又怎能坚持下去？我们甚至可以大胆地推测，姜子牙的治国方略，大有可能是在这几十年的思索中凝固成形的。倘若姜子牙东奔西走，大概也只能和大多“怀才不遇”的人一道在历史的长河中被淹没。

现实生活中具有守望心态的人却不多。像季羡林先生这样不追名逐利，真正地静下心来守望自然，守望人生，恬淡生活，诗意写作的学者，更是稀缺。

尽管我没有丰富的人生经历，平时却喜欢在下雨天听雨，一个人坐在阳台边微眯着眼睛静静地思考，从那一点一滴的雨声中听自然的律动，听生活柔和而悦耳的节奏，体会“一花一世界，一叶一菩提”的奥妙。

现在学习生活偏于紧促，大多数同学被作业压得抬不起头。我认为何必在课余时间把头钻进书山里苦读，或是通过电子游戏来麻木自己的心呢？多花些时间去守望生活，展望未来，哪怕做白日梦也好。

穿过乌云的阳光更加绚丽

徐雨轩

乌云在天上飘着，已经几日不见阳光了，我的心中也飘着乌云，不见阳光。最近几次考试成绩都很不理想，这回，很擅长的数学竟也差点儿没及格，我知道爸爸这次真要发火了。

正在吃饭的爸爸听到我的成绩，推掉饭碗，摔门而去。我早已料到会是这样，进了房间，倒头就睡。

半夜，迷迷糊糊地听到爸妈在争吵。“你看他那样子，遇到这么一点儿小挫折就垂头丧气。经历过风雨的花才会更加灿烂，穿过乌云的阳光才会更加绚丽。”

“你再看看吧。”

什么穿过乌云的阳光更加绚丽？你一个种田的还懂这个？我心中暗暗想着。

清晨，我走出家门到一旁的小山林中换换新鲜空气。天阴沉沉的，太阳被乌云挡住，空气十分的潮湿。我走在泥泞的小路上，不时要喘上一大口气。周围的景象是一片萧索，树林里的植物经历过风雨的冲刷已一点儿绿色都不见了。

“唉。”心中不禁叹息，这些植物都与我一般啊。

绕过一个山坡，突然，我的视野中出现了一点儿别样的不同于棕色的黄色，我赶忙走上前去，生怕它消失。

那是一朵野花，一朵不知名的野花，它生长在这荒野之中，放眼望去，满目只有棕色，天底下只有这一处有着生命的颜色。这朵野花花瓣薄薄的，晶莹剔透，惹人喜爱；我细细看着它，原本沉重的呼吸渐渐缓和了下来。

我静静地欣赏着这朵花，不禁想到这应该便是父亲所说的："经历过风雨的花才会更加灿烂。"这朵花应该是一直未开，风雨的冲刷，它抵抗住了，并且开出了绚丽的色彩。

走在回家的路上，再仔细思考父亲的那几句话，我恍然间明白了。我现在正在经历着人生的风雨，而经历过风雨的花朵会更加灿烂。我心中的乌云突然被阳光驱散了，我相信一定会开出我的成功之花。

身上暖洋洋的，我抬头一看，阳光穿过乌云，更加绚丽，我心中的阳光也更加绚丽了。

歉疚

单欣茹

这次旅行没有带给我故地重游的惊喜，带给我的反而是失望。

我坐在车上，看着以前拍的照片，还是忍不住感叹：在蔚蓝的天空中，飘着几朵洁白的云；天的下面是一片草地，绿油油的，美不胜收。但在这照片中最美的还当数是那草地中的湖了，明亮洁净，在蓝天绿地的映衬下摄人心弦。

车飞奔在高速公路上，看着路标，凭着印象，我知道快到了，却突然闻到了一股异味。随着汽车的前进，那气味越来越明显了，十分刺鼻，有点儿像垃圾场的味道。再看看周围的景物，我感到十分陌生。

司机看到我这样子，出声询问道："怎么？你以前到这儿玩过？"我点了点头，把拍的照片递过去，他看了之后，叹了口气，摇了摇头说道："你拍的景物，就在那。"我顺着他手指的方向看去，看到了一些垃圾以及一片荒凉贫瘠的土地。我有些不解，为什么要开这种玩笑？

随着汽车的不断奔驰，我发现那些垃圾并不是堆在地上而是漂在湖上的！这湖我似乎眼熟，却又不敢相认。惊恐地拿过那张照片，对比着看着，我不禁打了个冷颤，闭上眼再用力睁开，看见的依旧是那堆垃圾。司机淡淡地说道："不用看了，这就是你拍的。"

我也已经猜到了，但听到司机的话时，还是感到十分震惊。我实在是不愿意承认那么一个世外桃源怎么会变成垃圾堆?

汽车在湖边的公路上奔驰，从我们前方的一辆小车上，突然飞出了一袋垃圾，落入了公路边的湖中。袋子散开，里面的瓜子壳、果皮等都洒了出来。

司机愤然道："都是这帮游客干的好事，不知歉疚！原来的环境那么好，可现在看看，唉——"

他气愤地责怪，随手拿起身边的矿泉水往嘴里倒。他喝完矿泉水瓶内仅剩的一口水，打开窗户，奋力地扔了出去，瓶子掉落在了湖水中，湖上冒出了几个绿油油的泡泡，让人反胃。

我惊讶得说不出任何一句话，再看向司机，他脸上无丝毫歉疚……

歉　　疚

史艳云

手里紧紧握着那张发潮的纸币，我内心无比的歉疚。

还记得半小时前，我正漫无目的地闲逛，前方一转角，出现了一长排书摊，一个中年人坐在小凳上，看管着那些书。他面黄肌瘦，甚至可以说尖嘴猴腮，脸上却似乎强留笑意，大抵做生意的人都如此。我选中了一本书，看看价格，三十元，刚好袋里有一张一百元的钞票，于是很快地付了钱。

找钱的时候，我看到他多数了一张十元纸币，我没有说话，鬼使神差地拿了钱，夹着书，飞也似的跑了。

回到家，望着手中精美的书，我竟有些歉疚了。

窗外的鸟儿声声鸣叫，仿佛在嘲笑我的贪心，面前的书本反射了太阳的光，照进了我掩藏在心灵里的一方黑暗。口袋里的纸币因摩擦瑟瑟作响，只觉得随时要蹦出来回到主人身边似的。我紧张地出了汗，额头上的汗珠滴下来，怎么擦也擦不干。手不安地搓着，不知怎么办。

还是去把钱还给他吧！我暗暗地劝自己。

我将书商找零的钱掏了出来，想选一张旧的还给他，一张一张地比较着，结果竟然发现了有一张没有淡淡的水印。

原来给的有一张假钞!

我想也没想，趿拉了个拖鞋便向外冲去，心中的歉疚全无，代之而起的是一团熊熊的愤怒之火和小小的得意。我没有错，这假钞可是他亲手找给我的，人证是我，物证是钱。

路上只有呼呼吹来的风，鸟儿不吱声了，面前的书一片灰黄，手上的假钞安分得很。更舒心的是，头上的汗全没有了，反倒是风吹在身上，有说不出的凉爽和惬意。

书贩子应感到歉疚了吧？假钞违法，行为不正，真应该让他受到应有的惩罚。

正当我看到那书贩子若隐若现的身影时，我心中突然闪过一丝异样，一下刹住了脚。我隐隐约约记了起来：上个星期在回家的路上，我捡了张十元钞票，发现是假钞，没有扔掉而是塞进了口袋里，想给同学们辨别真伪长点儿知识……我顿时倍觉歉疚，远处的小贩还在招呼客人，十分忙碌。

头上的汗一下冒了出来，我掏出口袋里的钱，拿出一张真的十元钱给书商递了过去……

一床被子

谭　歆

在我的记忆深处，我有一床小被子。至今它还安安静静地躺在柜子里。

几年前的一个冬天，天气冷得很。学校让带被子去学校睡午觉。我回到家后冲妈妈喊了一声“明天要带被子。”就跑开去玩，将烦琐的事丢给已经疲倦不已的妈妈，再也不顾了。我一直疯到晚上月光洒向大地的时候才回来。回来后我收好书包，想起了小被子的事，便来到妈妈的房间想问问带什么被子好。走到房门口时，我看见了门缝里的一幕：妈妈坐在窗前，手上捏着一根绣花针缝着什么。月光如流水般地泄了下来，透过窗子斜射到妈妈那面带微笑而恬静的脸上。她那一头波浪卷发披在肩上，我仿佛闻到了阵阵芳香。发上夹着一个乳白蕾丝蝴蝶结发夹。妈妈穿着一件粉色长衣，脚上穿着一双黑布鞋。显得朴质而不失典雅。她似乎很累了，还时不时直起腰，自己给自己捶两下背，却怎么也不肯停下手中的针线。这更加深了我的疑惑，妈妈到底在干什么？

我轻轻地推开门，走到妈妈的身边。妈妈正在一针一线地缝着，专注极了，根本没有注意到我。她把针插进去，取出来，插进去，取出来。这个动作反复进行了多次才完工。最后妈妈把针取出来，将线打了一个结，剪断线，才做好。我把头凑上去一看，这针脚像一个母亲抱着孩子，再一看，是我的名字的拼音。我有些不理解，像丈二和尚一样摸不着头脑。妈妈发现了我，她依然笑着。我指着被子疑惑地问道："这……这是怎么回事？"妈妈轻轻地敲敲我的脑壳，嗔怪道："死丫头，什么怎么回事。你没有睡午觉的习惯，在上面亲手缝几个拼音，也许你能感觉到像睡在妈妈怀里一样。这样才能尽快入睡呀！"听了这番话，我愣住了，妈妈是为了让我睡个好觉才亲手一针一线地缝我的名字的。"TanXin"这拼音这么多，还得绕弯，缝起来多么不容易啊！我摸着那密密的针脚，思绪万千，鼻子酸酸的……

后来每逢在校午休时，我都会盖上这床温暖的小被子。就好像妈妈那纤嫩的手在温柔地抚摸着我。每当这时，一种久违的幸福感就会涌上心头。

母爱是什么？对我而言，母爱就是"临行密密缝，意恐迟迟归"的牵挂。

母爱是颗柚子糖

赵敏惠

放学了，天有些阴沉，风有些冷，刮在脸上有股莫名的寒意。书包很沉，我与好朋友说说笑笑，出了校门。咦？母亲呢？左顾右盼，不见母亲。等了十分钟左右，母亲的身影蓦地出现在我的视野里。她停下电瓶车，从前面的筐子里拿出一个东西。是什么？我如丈二和尚——摸不着头脑。她的头上渗出了细密的汗水，眉头紧锁。看到我后，她一下子喜笑颜开，眉眼中满是关怀："丫头，来，趁热吃！"妈妈摸摸我的小脑袋，"不好意思啊，妈妈来晚了，今天有点儿事，这是你平时最喜欢的鸡蛋灌饼，我还给你加了一根火腿肠。你正是长身体的时候，学习这么累多……"

"妈，快走吧，我还有好多作业呢。"我打断了妈妈的话，冷冰冰地说。在我眼中，这些都无关紧要。妈妈眼角流露出一丝不易觉察的失落。

我接过妈妈的鸡蛋灌饼，一口一口品尝着，残留着的怨气正一点点消减。

但妈妈接下来的话像导火线一般点燃了我的怒气。"丫头，不要老嫌自己胖啊，胖什么胖，小小的人儿，现在你上学，耗费体力，多吃点儿东西才有力气。”我坐在电瓶车后座，突然地叫道：“整天叫我吃东西，等我变成大胖子，你就开心喽！”

妈妈一下子默不作声，无言中。到了我家楼下，我一言不发地下了车，手中未吃完的鸡蛋灌饼还在冒着徐徐热气，香味勾着我的心。

妈妈将车停在车库里，一步一步走近我，眼中满是抱歉与内疚。妈妈轻轻唤了我一声：“上来吧。”我没有回答，背着沉重的书包，上了楼梯。一抬头，在昏黄的灯光下，母亲鬓角的几缕白发十分刺眼，银灰色的发丝穿插其中。我的心猛地揪了一下。不知何时，母亲的黑发已渐渐淡出视野，而白发已如此显而易见。刚才的顶嘴仿佛放映胶卷一样在我脑海中重现，我羞红了脸，耳根热热的。“妈，那个，不好意思啊。”我愧疚地低下了头，小声地说。妈妈一转头，愣了一下：“怎么了？”“没事。”我低下了头，但母亲的嘴角却勾勒出一抹微笑，眼中满是幸福。我知道，她一定听到了我的道歉，所以才会如此欣喜。

母亲对我的爱，隐藏在某个细节之中，甜甜的，如一块柚子糖，只有细细品味，才能由涩到无尽的甜蜜。而我，愿慢慢品味这块柚子糖，永远，永远。

留得往事成回味

陶润泽

且留往事成回味，仍将那一份感动镌刻在心间。

——题记

三年级时的春天，还是乍暖还寒时候，他经历了一场前所未有的大病，颓废地倒在了病床上。他的眼睛没有了一丝神采，空洞地盯着周围的一切，盯着这一片苍白的世界：苍白的墙、苍白的床、闪着白光的黑白电视，以及镜子中自己那张苍白的脸。

他不敢相信，也不愿相信自己真的会倒下。没有人来看望，没有人来聊天，他觉得他像被所有人遗忘了。在那个他几乎要沉沦的世界中，只有吊瓶中液体滴落的时候才会发出一声声令人焦灼的“啪嗒”声。他觉得沉闷，胸口像是被巨石压着，透不过气来。窗外的雨连绵不绝，整个天空笼罩着一片深色的雾霭，他发现生活竟然如此灰暗无光。

他在日复一日的消沉中度过他的时间，直到有一天护士告诉他探望日的存在，并告诉他那天的日期。他惊喜地发现那天为期不远。他心里有了希望，有了对未来的构想。随着日子一天天地接近，他的心情也愈发的激动。窗外的雨渐渐小了。

“这一天终于到了！”他心中欢喜地默念。在一个小时之前，他便吃力地支撑起自己伤病的躯壳，远远地观望着。那封禁了很久的铁门终于打开了，他望着门外的人山人海，似是满意地笑了。

蓦地，外面所有的人一拥而入，安静的病房就在一刹那充满了热闹而欢腾的气氛。他有一些不适应，闭上了眼，臆想着在一片黑暗中等来家人的关怀。时间一分一秒地流逝，周围也渐渐安静下来。他诧异地睁开眼，才发觉自己身边竟没有一个熟悉的人影，无论是父母、老师，或者是同学。既然没有人来看望，又哪来语言上的关怀？他再次支起自己的身子，终于看见了他一直想见到的人们，只是——他们之间隔着一层厚厚的玻璃，在玻璃的那一侧，他看见了日思夜想的父母，也看见了老师与同学。但是，他们只是在玻璃的那一侧微笑着，向他挥手，却终究没有穿过玻璃走到他的身边。

他心灰意冷，质疑着自己到底在家人与朋友中是什么地位，他们前来探望却只是站在玻璃之外。“都不愿进来同我说话吗？”他的心像在滴血，眼神中泛起了一丝苦涩，一丝怨恨。

几声叩门的轻响将他从迷茫中唤醒，是那个一直照顾他的护士，护士递给了他一个笔记本，并告诉他：“这是你爸妈给你的。”护士眼中闪动着异样的色彩。他道着谢接过，信手翻开了一页，他的瞳仁深处倒映出一行行或是娟秀，或是潦草，或是工整的字迹，这都是同学们的祝福！他的心湖荡漾开一片片涟漪。

本子的最后，他的母亲写下了一段话：“儿子，要坚强！你的伤口不能被感染，我们不敢进去，不要怪妈妈……”他紧紧地把那个看似平凡的本子抱在怀里，眼眶中氤氲的泪水打湿了枕头。窗外，阳光正好。

他把这一缕温暖的往事镌刻在心间，在日后一次次地回味，使这件事中的真情发酵成醇香的老酒，让那回忆永不磨灭，让那感动永记心间。

留得往事成回味，在纷杂的都市生活中保留一颗纯真之心。

就这样慢慢长大

孙辰逸

岁月刻下的吻痕，留存着春去夏来的茂盛，见证着世界的变化。

树是见证了他的成长的。天性孤僻的少年意图远离喧嚣的尘世，便将红尘烦心的轮回与树倾诉，将那一句句似是梦呓的叨念告知房屋后的一棵孤零零的树。

少年一次次寄托心语，树明白他定是不会永久留在这个贫穷的小村的。但它亦是很欣喜的，亲身陪伴少年成长，看他像一株小树一样一天天拔节长高，树还是很有成就感的。树当然也是伤感的，少年注定不会在狭小的天空盘旋，这一点树心知肚明。“他终有一天会离开，他终有一天会归来。”树只能这样安慰自己。

树想的的确是事实。少年的父母不久就带着儿子去城里了。少年不舍，在临走前的夜晚来到树下。树在皎洁的月光下凝视这个男孩儿，他长大了不少，眼里清晰可见的一缕兴奋的光辉说明了一切。树是不能微笑、不能言语的物种，便尽力在这一片寒气氤氲的月下，在即将远行的少年身上深深刻下自己的祝福，并祈求风代替它，去见证少年的成长。

树到底是期盼的，在春夏秋冬的往复中，长出新叶，落尽黄叶……树埋葬了自己的回忆，埋葬了自己的过去，只留下对少年的怀念，缓缓流淌在树心。

少年考进大学了，少年有了自己的公司，少年成了家……

风一年年将少年的消息带回，树为之欢喜，为之忧伤。它发觉少年在不知不觉间就长大了。“恰如白驹过隙。”树默念着，“他应该不会再回来了……”树一年比一年粗壮，这是几十年风雨的见证。少年长大了，树也长大了。

时隔几十年，一辆漆黑的轿车停在了村口，车上走下来一个白发苍苍的老人，他走进一间老宅的后院，只看到了一个树桩。树干在洪灾那年已被砍去，看着树桩密密麻麻的年轮，老人似乎听见了树诉说着无数过往的岁月。他伸手拂去上面的尘土，轻声说着：“老朋友，我回来了。”恰如梦呓般的叨念。

树桩一旁，一株嫩绿的新芽从泥土里探出头来。老人轻抚着它：“孩子，愿你也慢慢长大。”

笑

丁锦晖

我身处这小城中，曾看到过许多令人感怀的笑容……

男孩儿的笑

正值暴雨，水已漫过了行人的脚面，一个小男孩儿神色焦虑地打着一把伞，不停地向过路的行人打着手势。人们都奇怪于他的举动，停下来询问他在做什么。一旁指挥的警察也来了，关切地说道："小朋友，你在这儿干吗，是不是走丢了？"男孩儿急忙摆手，指了指一旁的积雨，用手指围成了一个圆圈。交警将手伸进水中一探，竟是一个无底的大洞，他马上大叫一声："当心，井盖没了！"小男孩儿笑了，带着一种被理解的欢欣；人们也笑了，纷纷赞扬这无法言语的"天使"。

大叔的笑

吴大叔最喜在雨天时站在阳台上看雨景，窗户微微开一条缝隙，凉风吹进时便带入一丝清凉与安静。突然，一只小麻雀竟钻了进来，带着满身淋漓的水渍，冷得瑟瑟发抖。吴大叔见状便悄悄地退回到里屋，静静守着，不愿惊动，等它自由离去。

没过太久，雨过天晴，太阳射出了金色的利箭，吴大叔走进阳台，只剩下一扇开着缝的窗户与几滴雨水，吴大叔满足地笑了，仿佛他成了那只躲雨的麻雀。

乞人的笑

乞人坐在一家店的门口，抓着一只小瓷碗。

一个年轻女孩儿走过来，乞人扭了扭头，微微笑了一下：“小姑娘，请您帮助我一下吧？”女孩儿反射似的一躲：“没钱。”那眼神仿佛在直视一条毒蛇；乞人叹了口气，又低下了头，那头发凌乱无比。

女孩儿进店买了一杯奶茶，那香味引得乞人一阵羡慕，女孩儿斜眼看了看他，带着一丝不屑。女孩掏了掏口袋，脸霎时红了，“大钞”竟不翼而飞。公交车眼见来了，女孩却无计可施，乞人叫住了她：

“哎，拿上一块钱吧！”

女孩儿接了钱，说了声谢谢便冲进了公交车，乞人笑了，笑容十分灿烂，女孩儿感激地朝他招了招手，露出了甜美的笑容。

写下这些故事，我心中有了许多感触，不禁也微微笑了出来，只为这城市的温情。

我爱夏天的雨

程又廷

天上笼罩着一层又一层厚厚的乌云，远处隐隐约约传来沉闷的雷声，蒸笼般的大地，街上的人越来越少，一切都仿佛预示着什么。

一颗水珠从天空中落了下来，重重地摔在了地面上。远处沉闷的雷音越来越近，随着一道明亮的闪光，如野兽般的咆哮声响起，人们纷纷找地方躲避，留下空荡荡的街道，夏天的雨就这样开始下了。我特别喜欢夏天的雨。

因为夏天的雨，有气势!

我爱夏天的雨，爱那雨前的云山。你看，雨云那么美，一开始并不是很大，只是小小的积云，不一会儿，它便开始越积越大，风推云，云借风，翻滚着，最后形成了巨大的云山。云山越变越大，山色越变越黑，黑压压的云山直接向大地压了下来，那气势简直要毁灭一切，直叫人不敢仰视。

我爱夏天的雨，爱雨的气势。这夏天的雨滴不像春天的，柔柔软软，飘飘荡荡，像一根根细丝，没有了雨滴的形，倒仿佛是雾了；也不像秋天的雨，如针如剑，冰冷刺骨，使万物悲歌。秋雨与霜相似，而夏雨，是直爽的，豪放的，说下就下，一下就如倾盆；急促厚重，像是强壮的汉子；粒粒雨滴，如同炸弹落到地上，击打着，爆炸着，肆意着。这是夏雨给人独特的美！

我爱夏天的雨，爱那雨声的清脆。雨声仿佛是一个经验老到的音乐大师，懂得将各种声音混合：叮叮咚咚如摇铃轻响，那是雨在亲吻瓦片；噼噼啪啪如爆竹齐鸣，那是雨在穿过森林；滴滴答答如时钟飞走，那是雨同街道嬉戏！还有滋润土地，回归池塘的声响……种种声音交织，汇聚，形成一曲夏雨大合奏。

短暂的夏雨停了，形成了一道彩虹，望着那道彩虹，我回味着，留恋着，期待着又一次的夏雨。

人生也应像夏雨那般，虽短暂，却能气势恢宏。

我爱夏雨！

夏日即景

戴亚丽

焦灼翻滚着的浪花无情地拍打着海岸，烈日下的海水肆意地涌动。模糊的双眼下似乎重现了那原味的夏天。

我欣赏你的爽朗豁达，说绿就绿，霍然扫尽一切春的犹豫牵连，你就在大地的宠溺下怡然地拥有任性。狂风暴雨说来就来，常常惹得人们无处躲闪。相信你是星辰最美好的归宿，它用灼热的火光包容着你的顽皮，远方似乎总有一盏灯不会熄灭，照亮了黑夜中露营的人儿，更怕你在无垠的空中迷了路，于是虫儿便成了你的指路灯，叽叽喳喳地向你倾说个不停，而你会拿出无穷的耐心，总有一方月亮密密倾洒着光亮。

最喜爱你留给我们的暑假，不知你为何有如此魅力，碧水千山，吸引着各种人儿的目光，满望一览你的芳华。晨曦总会被空气中那丝丝甜意惊醒，你却调皮得越加炙热，好像要将那甜蜜的冰激凌吞入自己的口中。午夜的你是最狠心的，把狗儿逼得直吐舌头，刚放学的小孩儿一个个被你灼得嗷嗷直叫，蝉儿却对你情有独钟，好不耐烦的直拍手叫好，树叶却绿得发亮，小草也青得逼你的眼。一天的躁动终于来到了末端，好不容易有了美梦的意境，你却生怕我孤单，唤来一群嗡嗡的小飞机，于是身上又活生生多了一层红红的凸起的花衣，还自带花露水的香气呢！相信你一定还记得8月30日的夜晚，那是我见过你最安详的时刻，唯有此时，你耐心地等待，好奇地眺望着满屋寒气中裹着被子写作业的学生，也只有你和作业，陪伴着我们度过无尽漫长的夜。

相信你一定还记得那些体育课，那些流不完的汗；那些路旁，那些聊不完的天；那些夜宵摊，那些饮不完的冰饮；那些夜晚，那些浪漫的萤火虫；还记得……太多了。

你在的每天，落日像拥有了翅膀，展翅翱翔。我知道，生命的过程一定会从拥有到失去，从激昂到消失。但你毫不畏惧，在该奔放的时候奔放，该任性的时候任性，该离别时忍痛头也不回。即使你淡淡的就走了，有如忧伤，没有一句告别。但我知道，有一种等待叫来日可期。我会拥了满怀的绣球花等你回来。

夏，你就像那浪花，一遍一遍，击打着岩石。即使被拍打得粉碎，也要重头来过。

夏日即景

谭　昊

我时常梦想着自己能够在海边，看波涛拍打礁石，观红日缓缓升起，听海水与浅滩呢喃细语……

今夏，我们一家人驾车来到了舟山市，又立即坐船前往以观日出著名的东极岛。但不一会儿，轮船就发生了激烈的颠簸，晕船的不适，迫使我们从船舱出来。可是即使在甲板上我也站不稳，努力保持平衡的动作像是在打醉拳。

经过几个小时的煎熬，终于到达了目的地。我们先在旅店中安顿下来，然后出去走走。此时已是下午五六点了。海水蓝蓝的且泛着绿光，站在高处远眺，海洋和天空仿佛无缝接合，真是水天一色。近处，浪花勇敢地拍打着黝黑的礁石，尽管自己会粉身碎骨，化作阵阵白沫，也在所不惜。

环岛一圈，我们找到了最佳观日点。很快夜就拉上了帷幕。在旅店前面临大海的高平台上，我们围坐在圆桌旁，点了些许海鲜和饮料。吹着凉爽又湿润的海风，让我有了飘飘欲仙的感觉。突然一下电灯全灭，大家都没有反应过来。老板已经出来分发应急照明灯，并抱歉地说："我们这里水电资源匮乏，有时会断电，请大家见谅。”大家都宽容地笑笑。的确，这里资源并不充足，刚来这里的我们立刻就体会到了。可是岛屿上的居民又是怎样战胜这些困难的呢？想到这里，我心里的敬佩之情油然而生。

第二天，我们凌晨四点就起床，前往东极岛最佳观日点，期盼着观东海日出。到了那里，观日平台已聚满了黑压压的人群。我们爬上较高的山坡，此时天空已泛起鱼肚白。过了一会儿，天空像被渐渐刷上透明的亮漆。天空泛起了红光，那些想阻挡太阳的薄雾显得更加不堪一击。终于，太阳骄傲地出现了，在云蒸霞蔚间，如同拔剑出鞘的武士，剑上的金光闪耀了海面，世界仿佛被金辉包裹住了。人们也都被震撼了，久久地凝视着这壮观的景象！

太阳光芒万丈，照耀世界，不可阻挡！夏日海景，美不胜收。似乎在警醒我们：把握住年少的时光，勇往直前，散发出自己的光和热，做有贡献的人。

卖 鱼 人

张若希

在热闹非凡的菜市场中，有一家破旧的店铺，那儿是卖鱼人的地盘。他的铺子设在菜市场里面的小角落里，里头不太干净，铺子上有一些工具：几把长刀，又长又细；皮裙，可以系在腰间的；带护袖的手套；雨鞋、挎在腰间的小钱包、秤、菜板、装鱼的黑色塑料袋子……

卖鱼人是个中年人，这个年纪他的体型那么肥胖，脸上十分油腻，下巴上有一些黑色的硬邦邦的胡楂，看起来十分不修边幅。

卖鱼人经常带着一张小凳子，没生意时就坐在上面看着自己卖的鱼打发时间。矮小的凳子被他压得松松垮垮，好像随时都会散架。

一到下午，卖鱼人就不像上午那样闲得发慌了，下午的人流量比较大，多多少少能赚到一笔钱。不时有人经过，他们大都会看一看卖鱼人身后形形色色的鱼，鱼有大有小，他不停地招呼着。比起卖鱼人对面的那家店，他家的生意更好，或许是这儿的鱼更加惹人爱吧！

越来越多的人涌进菜市场，有的直冲卖鱼人的店铺而来，但因为没招牌，他们费了好大的劲儿才找到。只见有一位中年妇女来买鱼了，卖鱼人从板凳上一跃而起，对她喊道："老板娘，要不要来条鱼？可新鲜了！"这位中年妇女用挑剔的目光四处打量着卖鱼人身后的鱼，说道："师傅，你这儿的鱼可真多，给我来条乌鱼吧，要大的，我要回家给儿子做鱼汤呢，好的话下次还来！""没问题，我这儿鱼的质量你放心，不会让你失望的！"说完便顺手抓起一条鱼，嘿，不偏不倚，正是一条又大又肥美的乌鱼！围观的人都赞不绝口。这位卖鱼人把鱼往秤上一扔，看了一眼："两斤二两，给您整的，两斤吧！收你十一元一斤，一共二十二元。"

那卖鱼人拖着鱼的尾巴往菜板上一摔，立刻抄起一把刀，双手毫不含糊地把鱼鳞片刮干净，想不到他的双手那么灵活，把鱼刮得从头到尾一片鱼鳞都不剩。接着一下子把鱼肚子剖开一个长长的大口子，麻利地把鱼内脏清理干净，只留下鱼泡和鱼子。去过腮以后把鱼装好，接过钱后，他又坐到了小板凳上，看着鱼发呆……

卖鱼人只是一个普通人，但他每天默默无闻地工作，他为他的家无私奉献、无怨无悔，我们的父母不也是这样吗？

默默无闻者

黄怡宁

在我们学校门口有一个小摊子，虽然它并不是很起眼，但是我却记得她——那个默默无闻的老奶奶。

老奶奶大约有七十多岁了，那饱经风霜的脸上爬满了皱纹，手上全是老茧，背也有点儿驼。

小推车上因为有食物和工具，推起来显得很费力。笨重的小推车和瘦弱的老奶奶形成了鲜明的对比，显得她更加瘦小。推车上的食物无非是很普通的丸子、海带、豆干之类的。那辆小推车很旧了，它肯定陪伴了老奶奶很多年。

她不张扬也不吆喝，只是静静地看着路上来往的人们，脸上永远挂着微笑，给人一种亲切慈祥的感觉，我心里顿时对她有了好感。

摊子上只有“串串香”这三个字。同学们很喜欢那串串香的美味，虽然她不吆喝，可依然有很多人来买。我想如果老奶奶吆喝的话，生意会更好呢。可她没这么做，也许她只想做一个默默无闻的小摊主吧。

见到有客人来，老奶奶就会拿一根竹签，手法娴熟地把那些煮好的食物串起来，装在一个杯子里。每当放学时，小摊边围满了人。闻着那诱人的香味，我早已垂涎三尺，赶紧买几串来品尝，吃完小肚子感到好满足。

一切都是那么平静如常……

一天，老奶奶消失得无影无踪，没有人在意，也没有人想知道发生了什么……

比起店里服务员标准的普通话，我更喜欢老奶奶那浓厚的乡音；比起饭店精美的食物，我更喜欢串串香的美味；比起宽敞整洁的餐桌，我更喜欢小摊车的温馨……

下辈子我还做你的父亲

吴昀洲

河子，下辈子我还做你的父亲。

河子，在你母亲的叙述中，你八岁前未向外跨出一步，未向外瞄过一眼。我来到你跟前，你的脸蛋通红通红，因天生畸形，你走起路来一瘸一拐的。你是那么可爱！可你只因畸形而未出过家门一步，我鼓励你，为你加油，为你打气，出去吧！出去吧！外面的世界是广阔的，比天空还广阔；外面的世界是热闹的，远超过院内的寂静；外面的世界是自由的，比鸟在天空中飞翔还要自由。

你接受了我的邀请，随我来到了屋外。你是那么的羞怯，死死地拽住我的衣服，紧紧地跟着我，一刻都不离身。在喧闹的人群中，你犹如沧海中的一小滴水，粮仓中的一粒粟，树上的一片叶子。我大声地喊道："河子，别害怕，抬起头，勇敢地向前走！"顿时许多人向你投来了目光，叽叽喳喳地议论着什么。我知道，我不用看也知道，你的脸因害怕而变得通红，头上冒起密密的汗珠，不敢抬头看他们一眼。我呼唤他们和你玩，企图让你乐观起来。

冬天时节，我的哮喘病严重了起来，我给你讲大海的故事：

海水是蓝的，和天空一样蓝；

海水是咸的；

海水很深很深，里面有很多奇怪的鱼；

海上有船，时常会有海鸥围绕着船员们……

那时，我知道我不能带你去看大海了，但我必须骗你，以大海的名义去骗你，让你在茫茫的人生旅途中更好地奔跑起来。

河子，虽然我走了，但我希望，你用我教给你的本领更好地生存下去，我希望你像一只奔跑的小狮子。

河子，如果苍天允许，下辈子，我还做你的父亲！

给自己一个微笑

最富有的乞丐

狄　希

下雨了，三个乞丐从不同的方向来到同一棵树下，为争一席干燥的地皮，相互打了起来，由于各有绝招，谁都没有占到那块不漏雨的地方。雨越下越大，最后他们达成协议：谁最富，谁就坐到那片最浓密的树荫下。

第一个乞丐端着一只大碗，说："看到我的这只碗没，它上面有着精美的花纹，再过几年啊，说不定就会有人识得这件宝物呢！我要是把它卖了，一定能赚好多钱。只是因为这只碗是我家的传家宝，我的父亲把它交给我时，特地嘱咐过我，让我在最穷的时候也不要卖掉它，最危险的时候也不要抛弃它，不然，我早就是一个大富翁了！"

第二个乞丐对第一个乞丐的表述不屑一顾，他放下背上背着的一卷草席，说："你们可别小看这卷草席，它是用我爸爸年轻时去非洲大草原时历经了九九八十一难得来的水晶草编织而成，它能治百病，还有催眠效果呢！就是因为它的功能诸多，所以我舍不得卖了它，它值好多钱，如果我卖了它，现在我就是一个大富豪了。你那破碗跟我的水晶席比起来，还差得远呢！"

第三个乞丐腿有点儿瘸，他颤颤巍巍地挪了一下身子，说："我没有你们那么富有，我只有一条瘸了的腿和一根拐杖。这是一根非常普通的拐杖，它就是路边捡来的一根棍子。我有一次打工时，被重物砸到，腿瘸了，不能干活了，我的妻子捡了一根棍子给我当拐杖。后来我的妻子生病去世了，这根拐杖一直保留到现在，它代替了我的腿。每当我拄着它、看着它时，就会想到我的妻子，我过得十分快乐，我认为我是富有的。"

富有不一定是拥有金钱，它有很多定义，如"快乐""亲情"……

气球逃亡记

芦昱罕

在一个阳光明媚的清晨，有八只气球被创造了出来，他们很开心，可是……

“挤死我了，挤死我了。”他们开始七嘴八舌起来，糖葫芦气球说：“你看看我，都被挤扁了。”他们相互埋怨着，突然黄气球看见天空中有一只正在自由自在飞翔的小鸟。他们都想：我们也应该想办法逃出去。黄气球说：“我们一定要在老爷爷睡觉的时候静悄悄地逃走，不可以发出一点点的声音。”他们讨论好了之后就开始行动了。有七只气球顺利地逃了出去，小猪气球在飞出去的时候撞到了勺子，掉在了地上，结果被抓住了。可是，他不甘示弱用力向后一跳，也逃了出来。他们到了外面，可开心了！

老大黄气球一直有一个梦想，就是去西藏最高的山顶上看看。由于天空气压的原因，黄气球“啪”的一声破了。老二蓝气球很喜欢玩，听到人们说游乐场可好玩了，他也很想去玩一玩，“我们有缘再见。”他和其他同伴告别之后便飞走了。到了游乐场，他飞到了箭靶上，别人把他当成了射击的目标，只听见

“啪”的一声，蓝气球也破了。老三小兔子气球飞到了一位小朋友家，那位小朋友可喜欢她了，对她爱不释手，可是玩了几次，感觉玩腻了，就把她放在了一边。过了好一段时间，她的气便一点点、一点点地漏光了，“嘶——”结果彻底瘪了。老四特别喜欢田野，就飞往田野去了，到了那儿他闻到了清新的空气，看见了美丽的田园风光。可是太阳太毒了，气球的皮肤很薄，被树枝一刮，“啪”的一声，又破了……

这八只重获自由的气球，并没有逃过死亡，即使死去，他们也要追求自己的梦想和自由。

新钱和旧钱

张　希

一张旧钱安静地躺在充满异味的抽屉里，它与世无争，安静地睡着觉；一张新钱，穿着新衣裳，得意地住在银行的取款机中。

一天，宁静的生活被打破了。新钱被主人取出，带到了旧钱的“家”中。新钱见旧钱又脏又破，便整天挖苦它，挑它的刺。

一个宁静的中午，它们在午睡，旧钱翻了个身，撞到了新钱，新钱大发雷霆，冲着旧钱大吼大叫道：“你这个又脏又破的‘乞丐’！你干吗碰我？你是故意的！把我的身体都弄脏了！你有什么资格待在这里，主人怎么会喜欢你呢？快离我远点儿！臭老头，快滚！滚得越远越好！”

“年轻人，别发那么大脾气呀！你也会和我一样变旧的，不要骄傲，我以前也像你一样，是崭新的！”旧钱在新钱侮辱完他之后，终于开口了，而这一开口便如滔滔河水，一发不可收拾。

“许多年前，我并不像现在一样落魄，我生活在一个富裕的家中，主人无比喜爱我，对我百般呵护，捧在手心怕碎了，含在嘴里怕化了，把我当成掌上明珠，那时我可真是风光！”旧钱无比怀念地回忆着，但下一秒又变了脸，用严肃的口吻诉道，“但是，一切在主人航海回归时变了样。”

“那是一个黑色的下午，主人回来了，但他变了样，他沉迷在赌场上，天天把腰包中的钱输给别人。终于有一天，厄运之神来到我身上，我被主人输在了一个土豪身上，主人一脸沮丧，我为他感到惋惜，一个强壮的男人就这么落魄下去，把命运输在赌场上。我来到了那土豪的家中，不禁惊呆了：他家中的一切都那么闪闪发光，金色的吊灯，金色的沙发，用水钻镶嵌着的落地帘，我以为我又要被主人百般呵护了，可主人并没有重视我，把我随意塞进口袋，便出去逛街了，主人到口袋里拿东西时把我带出口袋，我被风吹走了，主人抬头望了我一眼，头也不回地走掉了，我被一位补鞋匠拾起，从此就来到了这个抽屉里。”

新钱听完旧钱的述说，一言不发地待在角落，心想：我什么时候才能和它一样，出去转转呢？旧钱看了看新钱，露出了一个饱经沧桑的笑容，睡着了。

一百分不是满分

汤远成

上课铃响了，教师夹着试卷出现在教室门口。缓步走上讲台，环视教室一周，他拈开试卷，开始播报成绩。

教室里，同学各自表情不一，或战战兢兢，长吁短叹；或喜笑颜开，眉头舒展；或面无表情，泰然自若。我内心十分紧张：试卷上有一题与同学答案不符，是我对还是他对？最后的大题似乎有些模棱两可，选择题也有一个多少有些疑惑……我的心中像敲动了十几口战国编钟，乒乓作响。

老师念出了我的名字，竟然得了久违的一百分！我快步上前，从老师手中满意地接过自己的试卷。我听到了同学们小声的“哇”，小小的羡慕引起了空气的波动。虽然心中恨不得这呼声再大一些，但我却故作平静，一丝喜悦压抑不住，悄悄从心头浮上脸庞。

走向座位开心地坐下，我欣赏着试卷上鲜艳的钩，从头到尾一个个细看过去，那是多么美丽的符号。我竟忍不住细细描摹，完美的弧度，恰到好处的力道，自己欢喜得似乎要把它吃进嘴里，慢慢咀嚼，享受它滑入腹中的微妙感觉，才得以了遂心愿。

正细看处，我的眉头一下绷紧了。这真的是我练了六年的字吗？横七竖八，东倒西歪，似睡眼蒙眬，又如酒醉之人的步履。有些字小得如蚂蚁，黑乎乎，糊作一片；而有些字又大得出奇，完全与其他的字不协调，这些情况反映出我的思维速度还不是很畅。在选择题上，有一题是关于“工程问题”，我没有读透题目便急忙下笔演算，盲人摸象般断章取义不解其意，最后，我还是连蒙带猜，涉险过关。最关键的一点，是我在完成八分的解答题时思路不够清晰，竟然洋洋洒洒，跌跌撞撞，用笨办法解决了，有点儿瞎猫碰到了死老鼠的侥幸。

一百分，只代表这一单元我的知识掌握较好，但这并不代表我因此有了骄傲自满的资本。路漫漫其修远兮，吾将上下而求索。

心　愿

杨一华

他，现在已经是位国内小有名气的钢琴家，没有哪个听过他演奏的人不啧啧称赞。

一天，他出去散心，习惯性地路过一家著名的琴行。

还未进入，店里便传来清脆悠扬的琴声，“这西方的乐器也真是奇妙！”即使琴声天天陪伴，他也忍不住由衷感叹。

透过窗户，他看见一个小女孩儿专注地钻研乐谱，笔直的身子，稚嫩的脸庞，这情景让他忆起了儿时。

好奇心牵引着他走近了小女孩儿，他轻轻坐在她的身边，闭眼聆听，是那首熟悉的《献给爱丽丝》。明亮的琴声犹如山间的小溪，时快，时缓，时宽，时窄，如银铃般动听，不知不觉他已陶醉其中。

一曲终了，几乎一气呵成。小女孩儿扭头望了望这个十分享受音乐的陌生叔叔，疑惑地问：“叔叔，您听得懂其中的故事吗？我喜欢这首旋律美妙的曲子，看您如此陶醉，定是懂得其中的美妙。”

他看着小女孩儿纯真的眼神，点了点头，正想开口说话，一个尖锐而高亢的声音打断了他："还说什么废话，不赶紧练琴，我为你花了这么多钱可不是用来浪费的！"一个个子高挑的女人走进了屋里，不屑地瞥了他一眼，他只好默默地离开。

回到家后，他怎么也想不明白，内心十分疑惑：音乐本就是心灵的慰藉，只有用心感受，才能领悟真谛。可像刚才那位母亲一样教育，孩子练琴岂不成了折磨？不行，孩子们的心灵本就是纯洁干净的，不能让他们内心充满憎恶。我要改变现状，他做出了一个决定，以后抽出绝大部分时间免费教育那些有特长的孩子。

从那之后，他十分关注热爱钢琴的孩子，全身心投入教育孩子练习钢琴，他用自己心中的挚爱，一份美好，种植在孩子洁净的心里。

给自己一个微笑

周雨贤

她是一个土生土长的乡村女孩儿，她调皮、活泼，甚至喜欢与男生打闹。但自从父母将她带到了城里上学，她就跟变了个人似的。

她逐渐意识到了自己与其他人的差距，成绩一般，长相平平，座位也是最角落里的，老师从来不叫她发言。这个班上似乎没有比她更不起眼的了，她为此感到失落。

自此便开启了她的自卑人生。她走路埋着头，几乎所有与她碰面的人都只能看见她稀疏的头发；她有时大着胆对着镜子看看自己，发现自己确实不漂亮，与班上那些女同学相比，真的只是个“丑小鸭”；她看见镜中的自己眼神恍惚，有些呆滞，就像个迷路的少女，这还是她自己吗？

到了她的生日，父母因工作繁忙而给了她足够的钱，让她自己过，她已习惯了，不同的是这个生日是在城里过，她打算给自己买些特别的礼品。以前，她爱发卡、手链等饰品，想着能不能用这些来引起别人的注意？可是，城里人根本不吃这一套，这些花里胡哨的饰品每个人家里有的是。于是，她放弃了这个想法。

她决定要给自己过一个真正有意义的生日，那到底怎样过呢？她在大街上晃悠，眼睛扫视着商店里的物品，不知不觉，到了路的尽头，仍没有心仪的礼物。

不经意的刹那，或许只是巧合，她的目光投向了路尽头的一家书店。走进书店，映入眼帘的是一部《简·爱》，老师曾介绍过这本书，写的是一个渴望自由、平等的女孩儿的故事，她仿佛遇到了知己，兴奋地把它抱回了家。

她迫不及待开始仔细阅读这本书，从小说的故事里她突然找回了自己。其实原先那个天真活泼的性格才是她的本性，她不禁摸了摸自己的脸蛋："我这是怎么了？原先的我不是挺好的吗？"

她转身对着镜子看看自己，镜子里的她给了自己一个自信的微笑，是那种真情流露的笑，甜到了自己的心里。她发现自己原来并不丑，是一个活泼可爱的女孩儿，仔细看着镜子里的自己，简直不像她自己了，那红扑扑的脸蛋，灵动的眼睛，本就如一只天鹅般优美。

她自然地抬起头，勇敢地面对生活，从此不再卑微，不再孤独，不再沉默。她的生活丰富了起来，她每天坚持给自己一个微笑，她记着镜中那个动人的自己。

一个微笑原来真的可以改变自己，那么，给自己一个充满自信的微笑吧！

那声音，常在心田

焦玺源

再过几天，就是期末考试的日子，我有一些烦躁，索性出门去玩了。突然看见一个茶馆，我愣了一下，便走进去要了一杯茶。看着泡茶人仪式般的泡茶程序，我不自觉屏住呼吸，耳畔隐隐传来祖父慈祥的声音……

从我记事起，就一直在祖父身边。祖父原来是老师，又嗜书，于是家中便有了满柜子的书。他从里至外都是个守旧的人，但却温和。每逢闲暇，他便泡一壶茶，将我置于他的膝上，逐字逐句地教我读书。我总是漫不经心地应和着，眼睛却盯着窗外——青瓦扁窗扇、雀替垂花柱、中庭绿雅榕。后院有一棵孱弱的银杏，银杏树下有一丛栀子花。这正是花开放的时期，幽香暗浮，我看得入迷，头上却骤然传来一阵痛意：“还不认真听？”我咽了一下口水，抬头望他——明明是责怪的语调，脸上却有着浓得化不开的笑意。我忍不住也笑了起来，觉得童年就这般消逝在祖父的声音中了。

而祖父真正发怒过的，只有一次。

那时，正值夏季。邻居墙边的月季花开得正茂盛，娇艳欲滴似绝代佳人。我越看越喜欢，禁不住把月季花全部摘了下来，我捧着花兴高采烈地往家中赶，却在门口碰到了祖父。

祖父双手背在身后，脸色阴沉得能滴出水来，我却浑然不觉："爷爷，你看，好看吗？"祖父久久不言，他突然抬起手，似乎想打我，但最终还是无力地垂下，他长长地叹了口气，转身把我关于门外。

晚上，门开了。我哭得稀里哗啦，嗓子又干又涩，已说不出话了，只怯怯地望着他。祖父望着我，无奈地叹口气："你进来吧，我给你看个东西。"

我随祖父走进家里，只见他拿起一个茶壶，娴熟地冲泡，像是在完成一件艺术品。他倒了一杯茶给我："你知道祖父为什么这么喜欢喝茶吗？"我呆呆的，摇摇头："不知道。"祖父抿了口茶，静静地看着茶盏："你看这个茶叶，挺立且修长，它不像那些被外国人所熟知的茶包，软塌塌一坨，它有着自己的特点以及韧劲，而做人，也就该如此——坦荡且不忘初心，坚强又不失韧性……"

我从回忆中抽出身来，但祖父的声音却一直在我耳畔回响，那应该便是我心灵的甘露了。它在我懵懂彷徨之际滋润着我，给我动力……

"您的茶好了。"

泡茶姑娘手腕佩戴的铃铛叮咚轻响，宛若山中清泉低唱。

屋内早已盈满清新茶香，我深吸一口气，轻轻接过那茶盏。

"它有着自己的特点以及韧劲，而做人，也就该如此——坦荡且不忘初心，坚强又不失韧性。"常在心田的声音又自心中响起，我抿了口茶，不由得微笑起来。

客至汲泉烹茶，抚琴听者知音。

赏心悦事也。

两 只 鸟

李 奕

两只小生命从蛋里钻出来后，日子一天一天过去，它们慢慢长大了。

一天，鸟妈妈对它们说："我的宝贝们，你们已长大了，总不能一直待在我身边吧！所以，小黑小黄，你们出去吧！必须自己寻求生路！"这时，阳光明媚，普照大地。但，它们却要分别。

小黑和小黄离开了妈妈，小黑说："我们离开妈妈后，应该投靠一个新主人，在他那儿，我们将不愁吃，也不愁睡，更不怕老鹰的袭击。"小黄却说："那怎么行？妈妈花了那么多精力，来教我们飞行技巧，捕食本领。那样不愁吃喝，妈妈的努力会白费的。"小黑一脸不屑："哼，你懂什么？学会享受才是最重要的，就你，一身土包子样，你怎么会懂得享受？"于是，它们闹得不欢而散。

第二天早晨，小黑见远处冒着炊烟。于是，它一声不吭地往那儿飞去。飞到近处，见有一个鸟笼，就爽快地飞了进去。

小黄见小黑不见了，也离开了。不过，它飞到了一个山清水秀的地方。那里绿树成荫，花红柳绿，溪水清澈见底。

时光流逝，小黑面对着空旷的天空，一动不动地发呆。你一定要问，它在干什么？其实，它在忏悔，忏悔当初没听小黄的话。小黑日渐衰弱，到了奄奄一息的程度，他看见了一只强壮的鸟，一直在它头顶盘旋。小黑好奇地问："你是谁呀？为什么总是在我的上头飞？"那只鸟说："我是你的兄弟呀！我是小黄！""小黄，你咋变这么强壮？"小黑忙问。小黄回答道："我天天吃肥虫，还要躲老鹰，自然变强壮了！"小黑流下了后悔的泪水，不知道自己还能不能回到天空的怀抱。

小黄说："兄弟呀！我们鸟怎可贪图一时的享受，而失去了最珍贵的自由呀！"

鸟笼与森林

窦佳仪

在一个温暖的巢穴中，一对“双胞胎”小鸟叽叽喳喳地鸣叫着，鸟哥哥说：“我一定要吃饱喝足，过丰衣足食的日子。”说完叼起一只巢中的小虫子津津有味地品尝着，鸟弟弟说：“我向往森林，我要自由地生活。”说着，张开那双小翅膀，向外面飞去。

在一个风和日丽的日子里，鸟兄弟飞到了一个地方，左边是茂密的森林，而右边是精致的鸟笼，里面有丰富的食物和水。想要不愁食物的鸟哥哥来了劲，毫不犹豫地向鸟笼里冲了进去，而弟弟呢，只是淡淡的和哥哥道了别，朝自己向往的森林飞了去。

这次分别，兄弟俩再也没有见面了，哥哥每天享受在鸟笼里待着，而弟弟则每天在森林里飞翔、觅食。

就这样，转眼间，一年过去了。

又是一个好日子，弟弟在天空飞翔着，俯视众生，大团大团的云朵飘浮在瓦蓝瓦蓝的苍穹，宛若一条条流淌在碧溪中的笼纱。耳边的风声让它感觉写意不已，用自己那银铃般清脆的歌喉欢快地鸣叫着，不知不觉地飞到了去年和哥哥分别的地方。

好久没有和哥哥相见了，他很是激动，不断地向下俯冲着，近了！近了！他看到了那精致的鸟笼，还有那依稀的身影，咦？他怀疑自己的眼睛，那是自己的哥哥吗？

他俯下身，慢慢地靠近笼子，只见笼子里有一只很小很小的鸟，毛色暗淡，脚爪瘦小，一副弱不禁风的样子。这时那小鸟也有所察觉，转过身，随即双方都怔住了，这还是自己的兄弟吗？一个高大强壮，一个干瘪瘦小；一个光鲜亮丽，一个蓬头垢面，简直是天壤之别。他们俩都在为对方的模样而感到惊奇，哥哥说："啊？兄弟，一年不见你个子长了不少啊！"弟弟也说："哥，一年没见，你怎么会落到如此地步？""唉，别提了，自从我进了鸟笼以后，虽然丰衣足食，但长时间没有自由，所以就成了现在这样啊！"

弟弟听后说："哥，咱还是要靠自己才行啊！"

最后一叶梧桐

张诗琪

双胞小鸟“大大”和“小小”有着不同的梦想，一个渴望自由，另一个则渴望安逸：一个认为笼子太过拘谨，另一个则认为树林太过危险。

一天，大大说：“树林的自由是那么的令人着迷，它吸引着我！”小小则说：“树林？你没弄错吧？老鹰的来临会让人措手不及！你也不看看，笼子正召唤着我们！在那儿不用愁吃愁喝，我们可以安逸地过好每一天。你别瞎想了。”大大“唧唧”地叫了一声，噗噗地拍着翅膀。“你说什么！你迟早会崩溃的！自由被束缚了！会好受吗？”“好，咱们人各有志，往后大路朝天，各走一边！”雨开始下了，淅淅沥沥地打在他们身上，似乎在告诉他们各自的未来。它们都头一仰，直奔自己的梦想而去了。

“哼，等着瞧，你会后悔的。”两只鸟不约而同地想。

自那以后，大大每天在树林里捉虫，躲避着老鹰。泥土混着花香，伴随着它度过了一天又一天。即使有太多的危险，它却从了自己的心意，得到了自己想要的自由，拥有了自己追求的幸福生活。它开心地翱翔在蓝天之上，看着茂密的森林，听着同伴们的歌声，闻着众花的芬芳。他担心起小小来：它怎么样啦？我有了自己的幸福生活，它呢？它追求丰衣足食，结果呢？它身后的天似乎更蓝了。

与此同时，小小正在鸟笼里，天天面对着相同的食物，安逸中更突显出了寂寞。小孩儿们总喜欢捉弄它，它唯一的乐趣只有对着一旁的老槐树发呆，感受寂寞来袭。看着叶子慢慢变黄，接着不可避免地凋落。它受不了这种所谓的“享受”，它要逃出去，它要找到大大！

两鸟终于在树林前见了面，都不禁“啊”的一声叫了出来。自由和辛勤让大大比小小健壮了好多倍。最后一叶梧桐飘落在小小的羽毛上，它发现它再也承受不住身体的重量，彻底飞不动了。

当它跌在地上时，雨又下了起来，还似它们分别的那一天，蒙蒙雨丝伴随着小小的话飘忽落下：“为什么我会要一时的享受？束缚了的自由才是可怕的。自由、自立才是享受的根本。如果再让我选择一次，我会在最后一叶梧桐飘落前，抓紧真正的自由。”

让

石娉婷

那天晚上，我和妈妈去街上散步。

为了抄近路，我们从一条黑暗而安静的小巷里走。这时，前方突然响起的喇叭声，打破了这宁静的气氛。我抬头看，哦，原来是两辆车在这小巷子里会车了。小巷很窄，只能容下一辆车再加一个人勉强通过。自然，这两辆车被堵在了这里。我满以为这个局面不会持续太久，因为我很清楚，只要有一辆车向后倒，做出一点儿让步，这个局面就可以轻松破解。但我显然判断失误。这两个车主谁都不肯让，只是一味地按响自己的喇叭，都希望对方退让。嘈杂的喇叭声引来路人厌恶的目光。

我等不下去了，走上前去，轻轻地敲了敲一位车主的车窗，车窗摇了下来，是一位男士。我对他说："叔叔，能不能不堵在这儿？你看，这路窄，人都过不去了。"他略带怒火地说："我也不想堵在这儿呀，对面那个不肯让。"我说："那你可以让一让吗？"他斜了我一眼，说："凭什么呀？凭什么我让而不是他让？我先让他，岂不是特没面子？"面对他一串连珠炮似的反问，我很无奈，只得对他说："要不我去和对面车上的的人说，你们两个一起退？”这次他同意了。在与对面车上的人交涉后，双方终于做出让步，一起倒车退出了小巷。片刻，巷子又恢复了黑暗和宁静。

我和妈妈继续往前走去，刚才的画面却仍在脑海中浮现，耳边也回响着他们的争执。想起平常类似的现象比比皆是：撞了人不肯道歉；碰了车相互埋怨；吵架不愿认错……我的心中顿生一阵悲哀：现在，“让”这种美好的品德正渐渐为世人所淡忘。人们为了各种理由，总是不肯做出让步。其实，“让”，有时候亦可以看出一个人的素质。往往只需要我们愿意做出一点儿让步，事情就没那么复杂，省去很多的麻烦和时间。

所以，在发生冲突时，我们都互相让一下吧，宽恕别人，就是善待自己！

责　任

焦志昀

没铺水泥路以前，奶奶家的门前是一条石子路。石子路的尽头，有两棵约两层楼高的树。从前每次去奶奶家玩的时候，我都喜欢在树下疯玩：挖土，捉小虫，玩弹珠……那时的我觉得树的责任，是陪我玩耍。

春节前，乡下进行了道路整修。门口的石子路消失了，取而代之的是一条洁白的水泥路，在阳光的照耀下直晃着人的眼。我径直走近那两棵树，发现树周围的泥地也变成了水泥地，旁边一辆我常玩的旧推车也不见了。水泥一直包到树的根部，将树根周围的土地覆盖住了，我想，这样让树怎么自由地生长呢？但这两棵树还是艰难努力地生长，树干直插天空，枝丫上面星星点点布满绿叶，它们微笑着迎接春天的到来。

我站在树下，抚摸着它坑坑洼洼的树皮，喃喃地说："谢谢啦，感谢你们在我忙碌于自己的职责时，履行你们自己的责任，陪伴我一道迎接春的到来。"临走，我又依依不舍地看了看那两棵老树，心想：下次来时，树应该会更繁茂些吧？

春天来了，城市中的树木都长出了绿叶，我想，奶奶家门前的那两棵树一定也枝叶繁茂了。

星期天去奶奶家，我坐在车上，脑海中浮现出这样一幅画面：两棵老树，满树绿叶，沐浴在春风之中，叶子在春风中摇曳……它们在履行自己的责任，装点着春天。这是一幅多么美丽的画面啊！想到这儿，我的嘴角浮现出一丝笑意，也许除了树，没人懂得我的内心。

远远地踩着水泥路朝奶奶家走去，我边走边张望。以往，大树会把它绿色的小手摇动着，欢迎我的到来，可一眼望去，没有了树的踪影。我发疯似的向前奔去，可在那等待我的，只有两个树桩！

奶奶轻描淡写地说："两棵树阻碍了人家的光线，被锯了。"

我呆呆地愣了一会儿，从树桩旁捡起一块小小的树皮，心里对它充满了悲哀。

的确，我们有我们的责任，我们要把农村建设得更好；但大树也有大树的责任，它要把环境变得更好。希望我们能够在履行自己责任的同时，也考虑一下自然，这样才能让双方的责任共同完成，帮助了别人，也就帮助了自己！

乡村黄昏

石晓宇

乡村的黄昏令我向往。

我居住在一个小城里，黄昏来临时，城里总是早早地亮起各式各样的灯。大片大片的灯光，使本来就不怎么强烈的夕阳之光更加黯淡。我不喜欢这种“黄昏”。

偶尔一次在乡下的奶奶家待得比较晚，正好赶上黄昏时。欣赏到了乡村的黄昏，一片金光洒在了院落之中，我走出屋子，拿了一把小椅子，坐在院门前。远处，一个血红的太阳在空中悬浮，向这个世界散布最后的一点儿光芒。围绕它的，是大片大片的火烧云，火烧云缓缓地游过，像一群群美丽、自由的红色鲤鱼。这种景致在高楼林立的城市是少见的。我站起身来，迎面对着红色的落日，它像一只红色的眼睛，将柔和的目光投在我的身上，让人生出一种好似投入母亲怀抱的舒畅感。

一个人慢慢地走了过来，站到我的身旁。我偏转过头去，是爷爷。他已经七十多岁了，头发花白，腰杆却笔直。他站在那儿，也注视着远方燃烧的天空。

“真美呀！”我感叹道。

“是啊，好好看看吧，马上也快看不到了。”我听后惊异地看着他。

爷爷说：“马上这边也得装路灯，灯一亮，这景就没了。”爷爷叹了口气，背着手走回到院子里。

我望着远处的红日，它正在一点点合上它的眼睛。它合得那样慢，仿佛是慈爱的爷爷，在慢慢散步。这个小乡村，就这样沐浴在黄昏之中，令人陶醉。

终于，日落了。大地陷入了黑暗，只有一点儿星光，从云层中微露。

城市的灯光冲淡了黄昏，城市的喧闹夺走了静谧。而乡村却保留了黄昏原有的纯朴、安详与宁静。可是，为什么要武断地破坏乡村黄昏的静谧、宁静与美好?

黄　　昏

储敏明

由于放学后在教室稍稍逗留，我有幸一睹这黄昏——这在高楼和脚步间流转的美景。

天色已然不似方才那般明朗，植物们饱含生机的面孔正在逐渐暗淡下去，它们每一秒都在变得更加沉默，枝叶的“沙沙”声也只是偶尔掠过耳膜，稍稍撩起你的兴奋，尔后，又归于寂静。鸟雀们却早已开始准备啁啾了，一波未平，余浪又起，正是这片街道重新易主的时刻。新的时刻即将到来，小歌唱家们早已跃跃欲试了。

抬头，一汪蓝色已趋于浑浊，像调色盘中的靛青沾上了些许无忧无虑的白。而那白云却愈发活跃了，像海边打来的一个浪头，但又有些虎头蛇尾的意味，除了开头的气势磅礴，其余的便淡了下去。淡了下去，又忽地在心中打起一个短短的小漩，就休止了，仿佛有些意犹未尽。那浪头，却亮得出奇，好像每一片云朵里，都藏有一个小太阳，都有着使不完的力量似的。那白是多么不真实啊，它使四周低矮的平房更加灰暗，更加窘迫，恨不得掘地三尺，俯身藏之；那白色，便更加亮，愈发地耀眼了。而那天幕，是摄影师傅缓缓放下的背景。白云旁，若即若离，缥缈的白色云絮，好像蛋花汤里，一点点漂浮的蛋白；又如那转瞬即逝的晶莹思绪，脑海中模糊的语丝。

继续前行，天边已经模糊。城市的车水马龙，也便模糊在这黄昏里了……

心里美滋滋的

丁碧函

一个春日的周末，天气很好，我和爸爸妈妈打算出去呼吸呼吸新鲜的空气，舒缓心情。

一家子驱车到田野，这里真漂亮！金色的菜花田，绿油油的草地，还有杂样儿的不知名的小野花。

“扑棱棱”，我似乎听到了蝴蝶展翅飞翔的声音，转身一看，天啊！油菜田里飞满了黄的、白的蝴蝶，大家都被蝴蝶迷得挪不开眼。

突然，我想到了个点子，去车后备厢取来常放在车上的渔网，饶有兴致地和爸爸妈妈说：“走，我们去捉蝴蝶怎么样？”我边说着，边往菜田走去。

“扑棱棱”感觉周围似乎都是这样的声音，我有点儿犹豫，不知要捉哪一只才好，来回踌躇，却无从下手。

妈妈这时候像“天使”般地朝我走来，她拿起网兜，告诉我，像我这样犹豫不决地针对大群体，是肯定捉不到的。说着，她拎起渔网，一直盯着一只蝴蝶，待到蝴蝶放松警惕停在菜花上的时候，猛地一扑，一只金灿灿的蝴蝶就被妈妈逮到手了。我学着妈妈的样子，举着网，守候在田边，紧盯着一只“小白”。可这只“小白”似乎察觉到了我的意图，变得异常警惕，迟迟不肯停下来，就是它那宝贵的降落，也只有二三秒时间，完全不给我机会。没办法，既然对它穷追不舍也没有用，那就只好换一个目标了。我盯住了一只绿色的很特别的小蝶，全神贯注地望着它，直到它落在一朵菜花上。“三，二，一！”我猛地一扑，“哈哈！我捉到啦！”我高兴得喊起来。望着网子里的小蝶，我的心里美滋滋的。可是，不一会儿，那蝶儿就不愿动弹了，它甚至连触须也懒得动了。它看向同类们在田间飞舞，“眼神”是那样忧郁。

“放它走吧！”这样一个念头蹦出我的脑海，它被囚禁在网里是多么的不堪和痛苦！没错，放了它！“扑棱棱……”啊，妈妈已经放了她所捕的小蝶，冲我笑了。我回以会心一笑，一撒手，小蝶飞了出去，重见天日。

别惊扰它的美，万物都有自己的家园。不错的，我的心里美滋滋的。

心里美滋滋的

嵇予安

眼前又浮现了今年小升初考完试的情景，是疯，是闹，可唯独那天……

每天放学，有一条小巷子是我的必经之路，那里有一位摆摊卖馄饨的老阿姨。或许是因为迷信，说馄饨有稳当之意，每次大考小考前一天，我总是要来吃一碗馄饨；又或许是老天的眷顾，我也总是考得相对满意。可是这一次，也是最重要的一次，我输了，输给了自己，那成绩册上耀眼的“B”，让我的心跌入谷底……

“来一碗馄饨。”“好嘞！”同样的人，同样的路，同样的陈设，同样的天气，只是我的心情久久不能平静。我的付出为什么不能与结果成正比？又为什么那些熬夜打游戏的同学“三A”能信手拈来？“来喽！”老阿姨的声音打破了我的沉思，我熟练地向碗中倒上一些醋，用勺子搅拌均匀，先尝了一口汤，嗯，一点儿也没变。不经意之间，我的嘴角泛起了一丝笑意。“或许只有它不会变吧。”我小声嘀咕着。那天，我吃馄饨吃得特别慢，即使眼镜被馄饨的热气蒸得有雾气了，也不想摘下它，总觉得摘下它会让我脆弱的心灵褪下最后的一层保护壳……渐渐地，一旁的人陆陆续续地走了，只剩下我一个人了。抬起头，模糊之间隐约看见老阿姨正在看着我，那一抹慈祥的微笑，让我不由自主地回应给了她一个微笑 。

“考试没考好吧？”阿姨坐在我旁边亲切地问。“嗯。”我点了点头。“其实，我在这儿卖了七八年了。一开始人少，又在拐角处，人少之又少，每天买的肉一放就坏，简直是赔本的生意。再说这是一个小摊，别人都愿意去店里吃，那段日子满满的信心也曾被现实压倒，但就在我想要放弃的时候，有人来吃了，说味道很不错，我这信心才又涨起来了……”看她的神情，眉飞色舞，我就知道在心情低落时，一句鼓励的话语有多么重要！“所以，孩子，千万别气馁，你一定要有信心！”说着，她还坚定地点了点头。“嗯！”不知不觉馄饨吃完了，我也冲她点了点头。

我与她素不相识，她却能如此开导、帮助我，我觉得老阿姨那碗中的馄饨就像小太阳，让人温暖，让人陶醉……那一笑，甜啊，美啊，美到了我心里，我心里美滋滋的！

吸管穿透土豆

狄诗雨

今天，老师带来了土豆和吸管。这是几根软软的、筷子般粗的吸管，土豆有点儿小，虽然其貌不扬，但是十分坚硬。难道老师要烤土豆给我们吃吗？这时，老师揭晓了答案：“请同学们用吸管穿透土豆。”我十分疑惑，心想：吸管这么软，而土豆这么硬，可能一戳就歪了吧，吸管怎么可能会穿透土豆呢？

老师让每个同学都尝试一次。一开始，有一些男生自告奋勇，他们认为自己是大力士，肯定戳一下土豆就能穿透它。第一个男生一下拿了五根吸管，用力一戳，可这五根吸管的受力点都不同，所以每根吸管都插进了大约三厘米，但没有穿透，他很失望，垂头丧气地回到位置上。第二个男生就拿了一根吸管，用力插了好多次，但只插了大约五厘米，还是没有成功。后两个男生都用了各不一样的方法戳，却都失败了。甚至有几个人坚信自己第二次一定可以把土豆穿透，尝试了好几次，都是无用功。有一个女生尝试了一下，她把许多根吸管叠在一起，也许这样力量能大些，她信心十足地用力一戳，可只戳到了七厘米。同学们都接二连三的失败了，事实告诉我们：光使用蛮力是不行的。

老师看不下去了，只得揭晓谜底："用大拇指按住吸管的顶端，这样气流是从下往上的，不会漏气，然后很快插入土豆，这样就能成功。"接着，老师请了王同学来按照她说的方法尝试，我看了眼老师，她可能在想：哎呀！刚才那么多同学尝试都失败了，万一王同学也失败了，我该怎么圆这个场呢？就在这时，王同学一下把土豆穿透了，大家都开心地鼓起了掌。

经过这个实验，我们得到了一个结论：许多我们自己都认为不可能的事，尝试后发现是可能的。所以以后无论做什么，在做之前不要轻易说"我不能"，要说"我能行"！

神奇的实验

田苗苗

作文课上，老师从包里掏出四样极其普通的东西：一张纸、一个装满水的瓶子、两个回形针和一个别针。这四样东西在生活中可是名副其实的“大红人”啊，哪儿都能见到它们的身影。老师说要拿它们做实验，可这么简单的东西究竟能干什么呢？我们不禁在心中冒出了大大的疑问。

紧接着老师就问了我们一个问题：如果把一张纸放在装满水却没有盖子的水瓶上，将水瓶倒扣，水会不会漏出来？我们大部分同学都说“会”，但有一部分人却说“不会”。由于意见不一，老师立马开始了实验。

老师请来一位女同学，她拿了一张小纸，放在瓶口，并用手堵住瓶口。大家目不转睛地盯着这一切，生怕错过什么细节。接着她慢慢地将瓶子翻转过来，神奇的事情发生了，水竟然一滴都没漏出来。随后换了位男生，按同样的步骤操作，水依然没有漏。大家都认为很有可能是纸太厚，导致水没漏出来。于是老师又拿了一张餐巾纸，将它分成三层、二层、一层，分别堵住瓶口，大家本以为会漏，可万万没想到，不仅三层餐巾纸没漏，居然连薄薄的一层餐巾纸也没有漏。大家纷纷张大了嘴巴，认为这水一定是“开挂”了。

老师又给我们抛出了一个问题：如果用回形针或别针在纸上戳上许多小洞，再将纸放在瓶口并翻转，水会不会漏呢？大家一听，异口同声道：“一定会漏！”老师意味深长地笑了笑，当着大家的面将第一张纸用别针戳了五六个小洞，再将第二张纸用回形针戳了五六个稍微大一点儿的洞。然后，老师将第一张纸有洞的部分放在瓶口，其余的包好瓶口，再将水瓶倒过来，这一次，我们又猜错了，水根本就没漏出来！大家瞠目结舌，一句话也说不出来。老师又用第二张纸扎洞的部分堵住瓶口，翻转后，水依然没有漏出来。天哪！我们都不禁叹了口气，看来，我们实在是有点儿自大呀！

这个实验让我懂得了：任何东西都不能草率下结论，眼睛看见的不一定是真的，一定要通过实验来验证。

喝醉的小狗

周倩竹

今年春节，我和爸爸妈妈带着弟弟回爷爷奶奶家过年。刚进大门，我就发现爷爷家多了一名新成员——小狗贝贝。贝贝长得非常好看，一身白色的长毛上点缀着几朵黑色的小花，十分可爱。

过年了，爷爷家真热闹！一大家子人聚在一起，好吃的东西真多啊！

爷爷、爸爸和叔叔忙着喝酒，我和弟弟美滋滋地喝着可乐。贝贝就在饭桌旁转来转去。

爸爸喝得有点儿脸红了，还说："再喝点儿，今儿个高兴！"

叔叔大着舌头说："对，喝，咱们一年都难得见面。"

爷爷说："好，好。祝你们的日子越过越红火，再喝点儿！"

奶奶、妈妈和婶婶看着都笑了。

我摸了摸肚子，已经吃得圆滚滚了。忽然，小贝贝舔了舔我的手。对，怎么忘了贝贝呢？

我赶紧夹了个鸡腿准备喂贝贝，可是，一不小心，鸡腿掉进了爸爸的大酒杯里。我正准备换一个，贝贝已经一跃而起，抢走了鸡腿。

不一会儿，贝贝吃完鸡腿了，可还伸着舌头，一副馋兮兮的样子。我又给了它一块排骨。它闻了闻，似乎没兴趣。难道贝贝不爱吃排骨？于是我又给了它一个鸡腿。可贝贝闻了闻，还是不吃。

嘿，我灵光一闪，难道它要吃带酒味的？

我往排骨上倒了一点儿酒，哈，果然不出所料，贝贝津津有味地吃了起来。

弟弟发现了，哈哈大笑着，往可乐里加了一点儿酒，给贝贝喝。没想到，贝贝很快就喝完了。

贝贝心满意足地到院子里去了。

过了一会儿，我们到院子里玩，发现贝贝走起路来东倒西歪，左三步右两步，摇摇晃晃的，引得院子里的鸡都好奇地张望着。我都看呆了。弟弟高兴地蹦起来："哈哈，贝贝喝醉了！"

贝贝摇晃了一会儿，忽然，冲着院子里那些鸡跑了过去，百米冲刺似的追起了鸡。

鸡吓得四处逃窜，扑闪着翅膀，咕咕直叫。

贝贝还不罢休。

邻居家的小朋友叫我和弟弟去玩，我俩就跑出去了。

晚上回来，看到满院子都躺着鸡。有一只鸡旁边还有一个热乎乎的鸡蛋。这是怎么了？难道鸡都死了？我见贝贝趴在大门口睡着了，无论你怎么踢呀打呀，它都不肯起来。

我急着喊："奶奶，鸡都死了！都被醉狗给吓死了！"

奶奶从屋子里出来，一边看一边说："哦，这下好了。叫爷爷杀鸡给你们炖蘑菇。”

爷爷听了，拿着刀出来了，提起一只鸡准备放血。说时迟，那时快，那只鸡一下子活过来了。吓得爷爷刀都掉到地上了。

不一会儿，满院的鸡都站起来了。原来，它们只不过是被喝醉的贝贝追得晕过去了！